Luitpold A. Dorn (Text)   Josef A. Slominski (Fotos)

Der Papst und seine Botschaft

Das Geheimnis Wojtyla

CHRISTIANA-VERLAG STEIN AM RHEIN

Herausgeber: Arnold Guillet

Fotonachweis:

Sämtliche Farbaufnahmen stammen von Josef A. Slominski, Essen

Ausgenommen: Seite 72, 114, 117, 118, 120 (KNA-Pressebild, Frankfurt); Seite 140 A. Mari.

Schwarz-Weiss-Foto Seite 4: Keystone-Press, Zürich

Erste Auflage 1983: 1.–20. Tausend
© CHRISTIANA-VERLAG
  CH-8260 STEIN AM RHEIN / SCHWEIZ
Druck: Offsetdruck Schmid-Fehr AG, CH-9403 Goldach / St. Gallen
Printed in Switzerland
ISBN 3 7171 0838 7

Über keinen Papst wurden in so kurzer Zeit so viele Bücher geschrieben wie über Johannes Paul II. Es waren begreiflicherweise weniger tiefschürfende, sachliche, distanzierte Untersuchungen, als begeisterte und gelegentlich sogar hymnische Monographien. Zu gross war die Freude, der Jubel, die Überraschung, das unfassbare Erstaunen über diesen einmaligen Mann, der es versteht, in unserem skeptischen Jahrhundert mit geistigen Parolen Millionen von Menschen auf die Beine zu bringen, Christen und Halbchristen, Gläubige und Ungläubige. Dieser Papst musste Vertrauen, Zuneigung, Zustimmung auslösen.

Dieser Bildband ist bei aller Begeisterung nicht hymnisch. Ausdruck der Verehrung ja, aber nicht der Devotion. Es ist ein Buch zweier Realisten in dem Sinn, dass nicht Realist ist, wer nicht an Wunder glaubt. Vielleicht hat die Welt heute nichts nötiger als einen Realismus, der die Dinge in ihrer harten Wirklichkeit erkennt und trotzdem nicht die Fähigkeit verloren hat, an Wunder zu glauben.

Dieser Bildband ist auch kein Schnellschuss. Er ist entstanden und gewachsen aus der Zusammenarbeit von Wort- und Bildberichterstatter auf Papstreisen, die sie für die Vereinigung Katholischer Nachrichtenagenturen Mitteleuropas, CIC = Centrum Informationis Catholicum (Rom), mitgemacht haben. Die datierten Texte geben den unmittelbaren Eindruck wieder. Thematisch geordnet, dokumentieren sie vier Leitlinien, die das Wirken Johannes Pauls II. in den bisherigen Jahren seines Dienstamtes konsequent bestimmten. Um ein kleines Beispiel zu geben, wollen Text- und Bildautor auf die Hälfte ihres Gewinns zugunsten des Papstes und seiner Werke verzichten.

In ihm verkörpert sich die Hoffnung der Kirche und die Hoffnung der Welt.

Pfingsten 1983

Richard Barta
KATHPRESS (Wien)

Der Fingerzeig

> «Eine Hand hat die Kugel gefeuert;
> eine andere hat sie gelenkt.»
> (Johannes Paul II.)

Über das Attentat ist viel gesagt, geschrieben, spekuliert, geforscht, dokumentiert, dementiert worden.
Die Spuren deuten nach den polizeilichen und gerichtlichen Ermittlungen auf Bulgarien als dem Sitz der direkten Auftraggeber, auf den sowjetischen Geheimdienst als den Drahtzieher im Hintergrund. Auch ohne die Geständnisse des Attentäters war von Anfang an deutlich, wer zu jener Zeit – der polnische «Fels» Kardinal Stefan Wyszynski war im Sterben, die freie Gewerkschaft «Solidarnosc» in höchster Blüte – ein Interesse daran hatte, den Papst aus Polen als die Personifizierung eines neuen nationalen und damit christlichen Neuerwachens aus dem Weg zu schaffen. «Seine so gesegnete Arbeit stört offensichtlich die Mächte der Finsternis», formulierte Primas Wyszynski am Tag nach dem Mordanschlag vom Sterbebett aus.

Für den Menschen Karol Wojtyla war der Mordversuch natürlich ein tiefer, zentraler Einschnitt, den er klar deutete: Die Madonna hat mir geholfen.
Die Schüsse fielen am 13. Mai 1981, dem 64. Jahrestag der ersten von sechs Erscheinungen der Mutter Gottes in der Cova da Iria bei Fatima. Die Schüsse fielen genau um 17.17 Uhr, als wollte Gott mit besonderem Nachdruck auf das Fatimajahr 1917 hinweisen. Dorthin unternahm der wiedergenesene Papst am gleichen Tag des folgenden Jahres eine Dankwallfahrt und weihte die Welt dem Unbefleckten Herzen Mariens. Die vollkommene vertrauensvolle Hinwendung zur Gottesmutter ist ihm von Jugend an vertraut. So hat er sie auch auf sein bischöfliches und päpstliches Wappen geschrieben: ein einfaches grosses Kreuz als Ausdruck seiner Christozentrik mit einem kleineren M für Maria, die unter dem Kreuz steht. «Ihr wende ich mich in kindlicher Verehrung zu», bekannte er in seiner ersten Botschaft als neugewählter Papst, «und wiederhole die Worte: Totus Tuus – Ganz Dein bin ich.»
Kardinal Frantisek Tomasek, Erzbischof von Prag und an jenem dramatischen Mittwochnachmittag, 13. Mai 1981, Zeuge des Mordanschlags auf dem Petersplatz, bezeichnete das Geschehen als einen «gewaltigen Anruf an die ganze heutige Gesellschaft zu ernster Gewissenserforschung».

I.
OFFEN

Offene Fenster

Rom, 25. Februar 1979

Offene Fenster sind das allen sichtbare Zeichen eines neuen Stils in der päpstlichen Wohnung, in der päpstlichen Lebens- und Arbeitsweise. Kaum hatte Karol Wojtyla am Abend des 16. Oktober 1978 als Johannes Paul II. die päpstliche Wohnung betreten, da riss er schon die Fenster auf.
Bis dato waren alle Fensterläden des Vatikanpalastes geschlossen oder zumindest angelehnt. Offen stand meist nur der Fensterladen des päpstlichen Arbeitszimmers. Nachts war dieses Fenster hell erleuchtet – als einziges. Es handelt sich um jenes Fenster im dritten Stock des Apostolischen Palastes, von dem aus der Papst allsonntäglich die Pilger und Touristen auf dem Petersplatz grüsst und mit ihnen das marianische Stundengebet, den «Angelus» betet: «Der Engel des Herrn brachte Maria die Botschaft...»
Die Tradition dieser sonntäglichen Papstaudienz unter freiem Himmel geht auf Pius XII. zurück. Das nächtens erleuchtete Fenster auch. «Eine automatische Anlage schaltet das Licht aus, wenn der Papst längst im Bett ist», spotteten die Römer damals. Mit dem Arbeitseifer und der Pünktlichkeit des Pacelli-Papstes, Frucht seiner früheren Tätigkeit als Nuntius in Deutschland, konnten sie nichts anfangen. Paul dem VI. glaubten die Römer die nächtliche Arbeit. Er entrückte ihnen aber im Verlauf der 15 Jahre seines Pontifikats in verworrener Zeit immer mehr. Sie registrierten jedoch, dass das Licht im päpstlichen Arbeitszimmer oft sehr spät, oder – wie man es ansieht – sehr früh erlosch: in den ore piccole, den frühen Morgenstunden. Und unausgesprochen regte sich mitfühlendes Verständnis für den einsamen Wächter im Papstpalast.
Papst Wojtyla ist kein einsamer Nachtarbeiter. Gerade abends sucht er die Gesellschaft von Freunden, Mitarbeitern, sucht er die Aussprache. Beim Abendbrot hat er meist Gäste. Und wenn er dabei erfährt, dass der für einen Sachbereich Zuständige sich gerade in Rom aufhält, lässt er ihn rufen. Auch um zehn Uhr abends. Vorausgesetzt allerdings, dass damit keinerlei Aufhebens verbunden ist.
Ängste waren alteingesessenen Vatikanfunktionären gekommen, als Johannes Paul II. die Fenster seiner Wohnung aufriss – auch die drei seines Schlafzimmers. Ängste vor neugierigen Blicken. Da könnte ja einer von der üblen Sorte der

Die zum Segensgruss erhobene Rechte, in der Linken den Bischofsstab mit Kreuz, den er von Paul VI. übernommen hat: Johannes Paul II. hat sein hohes Amt nicht erstrebt, sondern aus Glaubensgehorsam angenommen.

Pressefotografen sich auf dem Gianicolo-Hügel postieren und mit einem Ofenrohr-Objektiv direkt ins päpstliche Schlafzimmer spähen...

So blieben die Läden bald wieder geschlossen, die Fenster dahinter jedoch offen. Denn Karol Wojtyla will frische Luft. Einige Monate nach seiner Wahl zum Papst sorgten die Verwalter des päpstlichen Kleinstaates auf typisch römisch-italienische Weise für dieses Bedürfnis ihres Souveräns. Sie nahmen dessen Wunsch nach etwas wohnlicheren Verhältnissen im eher museumsähnlichen Papstpalast zum Anlass, ausser Dusche und Gästezimmer auch eine Klimaanlage einzubauen. Und solch moderne Anlagen funktionieren, zumindest bisher, nur bei geschlossenen Fenstern. Papst Wojtyla macht sie dennoch gelegentlich auf.

Als Kardinal Pericle Felici, ehemals Generalsekretär des Zweiten Vatikanischen Konzils, am Abend des 16. Oktober 1978 den Namen des neuen Papstes verkündete, applaudierten auf dem Petersplatz eher die Nicht-Italiener. Die Römer konnten mit dem fremdartigen Namen zunächst nichts anfangen. Die ersten Worte des neugewählten Papstes, seine vor Erschütterung bebende Stimme: «Ich komme aus einem fernen Land, das euch aber in der Einheit des Glaubens und der christlichen Tradition so nahe ist», die klare Sprache des neuen Papstes, sein Einfühlungsvermögen, seine Offenheit haben überzeugt. Die Mentalitäten natürlich sind und bleiben verschieden. Für den Römer, für den Südländer bleibt unverständlich, dass jemand – noch dazu der Papst – auch im Winter stundenlang die Fenster offen lässt. Und die Heizung bleibt abgeschaltet. Beispielsweise auch an Sylvester 1978, einem regnerischen Tag. Dennoch waren Zehntausende auf dem Petersplatz: «Ich danke euch, dass ihr gekommen seid, dass ihr zu mir gekommen seid an diesem letzten Tag des Jahres 1978, das ich in Krakau begonnen habe und in Rom beenden muss... In Polen braucht man nicht nur Regenschirme, sondern einiges mehr. Dort fiel jetzt die Temperatur schon auf 30° unter Null. So gesehen, muss man das römische Klima zu schätzen wissen.»

Die Römer haben begriffen, dass dieser Papst sein hohes Amt nicht erstrebt hat. Im Unterschied zu nicht wenigen italienischen Klerikern, die das Priestertum mit Karrieredenken angehen. Die nur einen Aufstieg in vatikanischen Ämtern und Würden im Sinn haben. Die, sozusagen, von Anfang an die «höhere Papstlaufbahn» einschlagen wollen. Auch noch im zweiten Konklave des Drei-Päpste-Jahres hatten zunächst nicht wenige Kardinäle Hemmungen, nach 455 Jahren wieder einen Nicht-Italiener auf den römischen Bischofssitz zu wählen. Der polnische Primas Kardinal Stefan Wyszynski sprach von einer Schwelle, die zu überschreiten sei. Einer Schwelle der Nationalität, der Mentalität, der Sprache.

Johannes Paul II. hat diese vermeintliche Schwelle sogleich überschritten. Er ist sprachgewandt, wechselt mühelos vom Polnischen ins Deutsche, vom Französischen ins Englische. Liest sein Brevier, das priesterliche Stundengebet, nach wie vor in Latein. Findet dafür Zeit. Auch für den täglichen Rosenkranz. Büffelt – in Vorbereitung seiner Reisen – Spanisch, Portugiesisch, Japanisch, übt sich selbst in Dialekten. Redet mit dem sowjetischen Aussenminister zwei Stunden lang russisch, und zwar sehr deutlich. Diese Auseinandersetzung habe ihn ein bisschen angestrengt, bekennt er am nächsten Tag im Gespräch mit Journalisten auf dem Flug nach Mittelamerika. Anmerkungen auf den unzähligen Dossiers, die ihm vorgelegt werden, macht er meist in polnisch, ebenso die Entwürfe seiner Ansprachen. Aber Umgangssprache ist jetzt natürlich Italienisch.

Einmal, an Weihnachten 1978, sprach er von seiner Jugend: «Es waren schwierige Jahre, da war der Krieg, der Zweite Weltkrieg.» Die Menge auf dem Petersplatz applaudiert. Nicht dem Krieg, sondern dem Manne, der in den Kriegsjahren unter äusserst schwierigen Umständen zum Priester-

Im Flugzeug plaudert er mit Journalisten, die ihn auf seinen Pastoralbesuchen begleiten und damit seine Reisen bezahlen. Auf dem ersten Flug nach Mittelamerika (1979) bekennt er, tags zuvor habe ihn die auf russisch geführte Auseinandersetzung mit dem sowjetischen Aussenminister ein bisschen angestrengt.

beruf gefunden hat und heute das höchste Priesteramt in der Kirche innehat: «Möge es nie mehr zum Krieg kommen. Weder in Europa noch sonstwo in der Welt!»
Der Papst sagt nichts Neues. Gerade die Mahnung zum Frieden ist ein ständiges päpstliches Anliegen. Und Johannes Paul II. betont immer wieder, dass er nur die Lehre seiner Vorgänger wiederhole, insbesondere die Lehre seines grossen Vorgängers und Vorbildes Paul VI. Ohne Papst Montini, der das Kardinalskollegium so konsequent internationalisiert und die über 80jährigen Kardinäle von der Papstwahl ausgeschlossen hat, wäre ein Nicht-Italiener auf dem Papstthron nicht denkbar. Allerdings auch nicht ohne die alle Welt erschütternde Erfahrung des Luciani-Papstes, der sein Pontifikat nur 33 Tage ausüben konnte. Die Welt hat durch ihn gelernt, dass das Papsttum kein erstrebenswertes Amt ist, dass der Mensch in diesem Amt ungeheuren Belastungen ausgesetzt ist. Deswegen haben die Kardinäle beim letzten Mal auch einen Jüngeren gewählt. Karol Wojtyla ist Jahrgang 1920, im Herzen Jahrgang dessen, den er anspricht. «Wenn ich ein Paar Dingsda hätte – wie heissen die wieder auf italienisch? Ah ja, wenn ich so ein Paar Rollschuhe hätte – ach nein, dafür bin ich viel zu alt.» So plaudert Papst Wojtyla mit der Jugend einer römischen Pfarrei, die ihm ein Paar Ski und einen Fussballdress schenkt. Grösse 54. Weissrot. Die Farben ihrer Mannschaft und die Farben Polens. «Beim Skifahren, als ich noch jung war, habe ich immer gedacht: je kleiner einer ist, desto näher ist er dem Boden; wenn ein Kleiner fällt, hat er nicht so weit...»
Das Verhältnis des Papstes zu Kindern und Jugendlichen ist aussergewöhnlich spontan, herzlich, natürlich. Der Ton angesichts des Ortes, namentlich im Petersdom, zumindest ungewohnt. Selbst dort geht es bei Audienzen für Kinder und Jugendliche gelegentlich zu wie auf einem Sportplatz. Jungen werfen dem Papst Bälle zu – er fängt sie auf. Oder eine Mütze – er setzt sie auf. Mütter drücken ihm ihre Kleinkinder in die Arme, werfen sie ihm bisweilen auch buchstäblich zu – er fängt sie auf, wiegt sie, beruhigt sie, wenn nötig. Kleine Mädchen fragen ihn: Darf ich dir einen Kuss geben – und schon haben sie es getan. Grössere bitten um ein Autogramm. Und immer wieder drückt Johannes Paul II. Hände, Hunderte, Tausende. Streichelt Wangen und Köpfe. Beantwortet Fragen, fragt selbst. Oft ist die Begeisterung so gross, dass er dem Lärm nur mit Mühe ein Ende machen kann. «Jetzt reicht's aber!» brüllt er dann auch mal und hält die Hände trichterförmig vor den Mund: «Jetzt hört mir alle zu!» – «Der Papst erwartet viel von euch», sagt er dann etwa. «Ihr seid seine Hoffnung auf eine bessere Zukunft.» Und er geht immer auf ganz konkrete Probleme ein. Beispiel: «Einige Eltern haben mir beim Hereingehen ihre Sorgen und Ängste angesichts der zunehmenden Gewalttaten und Entführungen in Italien anvertraut. Auch ich teile mit der ganzen italienischen Bevölkerung diese Sorgen.»
Die Jugend erinnert der Papst daran, dass sie selbst über kurz oder lang aufgerufen sei, sich für eine bessere, menschlichere Gesellschaft einzusetzen. «Allein mit dem Evangelium werdet ihr imstande sein, den Menschen wirklich von der Sklaverei zu befreien und ihm echtes Glück zu schenken. Das Evangelium stellt die Liebe in den Mittelpunkt und nicht den Hass, die Gleichwertigkeit aller und nicht die Unterdrückung durch wenige, den Dialog und nicht den Kampf, die Person und nicht die abstrakte Ideologie, die Förderung des Lebens in seiner ganzen Vielfalt und nicht seine Vernichtung.»

Generalaudienz in der «Aula Paul VI.»: «Einige Eltern haben mir beim Hereingehen ihre Sorgen und Ängste angesichts der zunehmenden Gewalttaten und Entführungen in Italien anvertraut. Auch ich teile mit der ganzen italienischen Bevölkerung diese Sorgen.»

Wider die Selbstsucht

Washington, 7. Oktober 1979

«Selfishness» ist das negative, Wahrheit das positive Schlüsselwort. Als Begriff ist «Selfishness» nicht so verbreitet wie Coca-Cola oder Kaugummi; als Verhaltensweise schon. Das Wort bedeutet Ichbezogenheit, Selbstsucht. Der Pastoralbesuch des Papstes bei den Vereinten Nationen und vor allem in einigen Städten der USA wollte verhindern, dass die Welt an «Selfishness» erstickt.

«People's Pope», wie die amerikanischen Medien ihn nannten, der «Volkspapst», sagte deswegen einer im Materiellen verhafteten Konsumgesellschaft die Wahrheit über sich selbst. Er versuchte, ihr wieder das Gespür für die geistige Dimension der menschlichen Existenz zu vermitteln. Er tat es mit solcher Überzeugungskraft und solch persönlicher Selbsthingabe, dass mehr als Spuren bleiben werden.

«Weil die materiellen Güter von ihrer Natur her Anlass zu Einschränkungen und Spaltungen geben», sagte er vor dem Weltforum der Vereinten Nationen, «wird der Kampf um ihren Erwerb unvermeidlich. Wenn wir diese einseitige Unterordnung des Menschen unter die materiellen Güter immer noch weiter pflegen, werden wir nicht imstande sein, diesen Zwangszustand zu überwinden.»

Der Papst phantasiert nicht von einer utopischen Gesellschaft, in der alle Formen der Ungleichheit im Besitz von materiellen Gütern ausgeräumt sind. Er prangerte jedoch «die schrecklichen Ungleichheiten zwischen Menschen und Gruppen in übertriebenem Reichtum einerseits und der zahlenmässigen Mehrheit der Armen oder sogar Verelendeten auf der anderen Seite» an. «Reiche und Arme wird es immer geben, das steht ja auch im Evangelium.» Eine Katastrophe infolge der Auseinandersetzungen zwischen Superreichen und Superarmen kann nach den Worten des Papstes jedoch nur vermieden werden durch eine gerechte, ausgeglichene Mitbeteiligung aller an den irdischen Gütern. Die Aufforderung zum Teilen als Voraussetzung friedlichen Zusammenlebens und tatsächlicher Anerkennung der Menschenrechte aller sowie die Hinführung auf die geistige Dimension als Voraussetzung echter Befreiung des Menschen durchzogen als roter Faden alle Reden des Papstes in den USA.

Zuerst wandte er sich an die Jugend. In Boston erinnerte er sie an den Bericht des Evangeliums über den reichen Jüngling, der sich an Christus gewandt hatte mit der Frage: «Was soll ich tun?» Er erhielt eine klare und eindeutige Antwort: «Komm und folge mir nach!» Aber was passiert? Der junge Mann, der solches Interesse für die grundlegende Frage gezeigt hat, ging traurig weg. «Denn er war sehr reich.»

Im New Yorker Yankee Stadion forderte er vor 80 000 Armen und Reichen, Jungen und Alten, Farbigen und Weissen die gleichen Rechte für alle, die volle Anerkennung jedes Menschen in seiner persönlichen Würde. Damit auch jeder verstand, was gemeint war, machte er auf seiner Fahrt zum Stadion in den Armen- und Arbeitervierteln Harlem und South-Bronx Halt und bestärkte die dort lebenden Menschen in ihrem Streben nach Gerechtigkeit. Und das gilt für «alle Harlems in Amerika», erläuterte der Pfarrer der Harlemer Gemeinde, der selbst Farbiger ist.

Angesichts der Freiheitsstatue an der Südspitze von Manhattan, dem Symbol der Erwartung der Millionen Einwanderer, appellierte er an alle Freiheitsliebenden, den Teufelskreis der Armut und Unwissenheit, der Vorurteile und Diskriminierungen, der Unterordnung des Menschen unter internationale Mechanismen wirtschaftlicher Vorherrschaft zu durchbrechen.

Irgendwo in Afrika: er stellt sich auf die Seite der Armen, prangert «die schrecklichen Ungleichheiten zwischen Menschen und Gruppen in übertriebenem Reichtum einerseits und der zahlenmässigen Mehrheit der Armen oder sogar Verelendeten auf der anderen Seite» an.

In Philadelphia, der Stadt der brüderlichen Liebe und der Unabhängigkeitserklärung mit ihrer feierlichen Bekräftigung der Gleichheit aller Menschen, beschwor der Papst die enge Verbindung zwischen menschlichem und gesellschaftlichem Fortschritt einerseits und den grundlegenden religiösen Werten anderseits: wenn Macht und Autorität in voller Achtung der Rechte aller ausgeübt, wenn Freiheit nicht als Selbstzweck angesehen, wenn vor den politischen und wirtschaftlichen Interessen die Menschenwürde steht, dann ist Amerika wirklich verfassungstreu «eine Nation vor Gott, unteilbar, mit Freiheit und Gerechtigkeit für alle».

Mit seinem für viele unverständlichen und für die meisten Mitreisenden erholsamen Ausflug in den Mittelwesten wollte der landverbunde Papst einen Kontrapunkt zur totalen Industrialisierung setzen und der weitverbreiteten Landflucht entgegenwirken. Den Farmern in Iowa, dem «schönen Land» im Herzen der USA, geht es nicht schlecht. Ein 39jähriger Bauer hatte sich jedoch Gedanken über einen bischöflichen Hirtenbrief gemacht, der die selbstgefälligen Farmer aufforderte, «Fremden und Gästen» eine Chance zu geben. Er schrieb eine Einladung an den Papst, der Diözesanbischof leitete sie mit den nötigen Erläuterungen weiter, und der Papst nahm die Einladung an. So kam es zu einer Art Bergpredigt von Iowa. Der Glaubensbote aus Rom kündete dem im Hügelland von Des Moines lagernden Landvolk drei «Seligpreisungen»: Dankbarkeit für die Gaben des Schöpfers, Bewahrung und Weitergabe des landwirtschaftlich genutzten Bodens an die kommenden Generationen, Grossherzigkeit im Teilen der Früchte dieser Erde.

In Chicago, Symbolstadt amerikanisch organisierten Verbrechens, das sich heute namentlich auf Drogenschmuggel konzentriert und die Jugend verführt, bestärkte der Papst die Vollversammlung der US-amerikanischen Bischöfe in ihrem eigenverantwortlichen Streben nach Vermenschlichung der Gesellschaft. Gleich nach der Begegnung mit den Bischöfen, bei der Papst Johannes Paul II. mit der ihm eigenen Deutlichkeit der innerkirchlichen Auseinandersetzung unter Hinweis auf das Evangelium und die kirchliche Tradition ein Ende setzte, erhielt er für seine Aufforderung zu echt christlichem Leben, zur Evangelisation der Welt, aller Rassen und Klassen, begeisterten Beifall.

Präsident Carter, unbeschadet seiner persönlichen Überzeugung letztlich auch Opfer eines Systems, ging auf das päpstliche Anliegen ein: «Sie haben uns Amerikanern in diesen Tagen ins Gewissen geredet. Sorge für den Nächsten macht uns stark und gibt uns Mut. Blindes Verfolgen selbstsüchtiger Zwecke, das mehr Haben als Sein, führt zu innerer Leere und Depression.»

Der vielumjubelte «Papst des Volkes» und «Held dieser Zeit» hat in der schrittmachenden Nation der westlichen Welt in herausfordernder Deutlichkeit die Wahrheit gesagt. Kaum ein Thema, das er während seiner Reise nach Irland, zu den Vereinten Nationen und in die USA nicht aus der Sicht des Evangeliums geklärt hätte. Alle Zweifel oder falschen Hoffnungen sind ausgeräumt. Es gibt und es kann keine Anpassung der Lehre der katholischen Kirche an die Gegebenheiten der Zeit, kein Mitschwimmen im beängstigenden Strom dieser Zeit geben. Für den Christen gibt es nur Christus und sein Evangelium. Reden und Tun des Papstes, einschliesslich seiner Selbsthingabe während dieser Gewalttour, haben nur ein Ziel, einen Sinn: Zeugnis für Christus zu geben und die Christgläubigen in ihrem Glauben und ihrer Weltverantwortung zu stärken, allen Menschen die Notwendigkeit einer geistigen Dimension einzuprägen, weil nur sie eine Katastrophe der rein materiellen Weltanschauung verhindert.

Wer keinen Sinn für die geistige, für die religiöse Dimension des Menschen hat oder ihr aus ideologischen Gründen entgegenwirkt, sucht nach Widersprüchen oder stellt gewisse Papstaussagen zusammenhanglos in den Vordergrund. Die meisten hören ohnehin nur mit halbem Ohr zu.

Johannes Paul II. hat – wie soll es anders sein? – die Aussagen, die Paul VI. in der Enzyklika «Humanae Vitae» dargelegt hat, bekräftigt. Doch dieses berühmt-berüchtigte päpstliche Lehrdokument war alles andere als bloss eine Aussage zur «Pille» (deren negative Auswirkungen inzwischen ohnehin gesehen werden). Es ist ein Aufruf zu verantwortlicher Elternschaft. Widerspricht das der menschlichen Sexualität? Treibt es die sogenannte Bevölkerungsexplosion voran? Andere päpstliche Aussagen, die man aus anderen Gründen auch nicht so genau gelesen hat, weisen auch für dieses Problem eine klare und menschliche Lösung.

Die sehr deutlichen Worte des Papstes zu allen Hauptthemen und Problemen heutigen Lebens, des persönlichen, familiären, gesellschaftlichen, politischen, wirtschaftlichen – alle seine Worte sind aus einem Guss und haben ein Ziel: die Hinführung zu Christus, zu echt christlichem Leben.

Petersplatz zu klein

Rom, 11. April 1979

«Piazza San Pietro non basta più», betitelte eine römische Tageszeitung ihren Bericht über den Palmsonntag. Zu deutsch: Der Petersplatz kann die Menge nicht mehr fassen, die den Papst sehen, hören und mit ihm beten will. An die 150 000 Menschen waren am Palmsonntag auf der Piazza. «Wo kommen sie nur her?», fragte sich erstaunt der Kommentator des römischen Blattes und gab selbst die Antwort: «Sie kommen aus der ganzen Stadt, aus ganz Italien, aus der ganzen Welt, Scharen von Menschen.»

In der Tat: Rom erlebt einen Pilgerstrom ohne Beispiel. Und die Römer selbst kommen allsonntäglich in wachsender Zahl auf den Petersplatz. Sie wundern sich noch ein bisschen über sich selbst, dass sie es tun. Früher standen an gewöhnlichen Sonntagen ein paar Tausend auf dem Petersplatz, jetzt sind es Hunderttausend. Früher hat der Papst am Sonntag Mittag, vor dem marianischen Gebet, dem «Angelus», eine kurze Ansprache von etwa fünf Minuten gehalten. Papst Wojtyla redet eine Viertelstunde und noch länger. Und nach Gebet und Segen redet er wieder, sagt auch zwei-, dreimal: «Wartet, ich bin noch nicht fertig.» Die Menge auf dem Platz lacht, applaudiert, bleibt freudig stehen, obwohl zu Hause die Spaghetti warten.

«Schwätzer von einem Papst, bist du immer noch nicht fertig?», kommentiert dann auch der eine oder andere und legt in das Wort «chiacchierone», was Schwätzer heisst, seine ganze Sympathie für die weisse Gestalt da oben am Fenster. Und der Papst antwortet: «Nein, ich bin noch nicht fertig, und ich will auch gar nicht aufhören, mit euch zu reden.» Und fängt zu singen an, auf polnisch, und auf dem Platz wird es ganz still, und manch einer wischt sich verstohlen Tränen aus den Augen.

«Er ist einer von uns», sagen die Leute und erklären damit das Geheimnis seiner Popularität. «Nach so vielen Italienern, deren Sprache man nicht verstand, verstehen wir diesen Papst auch dann, wenn er polnisch spricht, weil er einer von uns ist.»

Bei den Generalaudienzen, die mittwochs stattfinden, ist es ähnlich. Die Nachfrage nach Begegnungen mit dem Papst übersteigt bei weitem die Möglichkeiten. In den vergangenen Wochen hielt Papst Wojtyla erst zwei, dann drei Audienzen hintereinander, in der «Aula Paul VI.», vor wenigen Jahren als Begegnungsstätte des Papstes mit den Pilgern

und Touristen erbaut und inzwischen dafür viel zu klein. Im Petersdom, den die überströmende Begeisterung der Kinder und Jugendlichen mit Sportplatzgeheul erfüllt. Und auf dem Damasushof des Apostolischen Palastes, den seine Erbauer als schönste Kulisse für Staatsauffahrten gedacht hatten.
Der Papst musste nicht nur dreimal Audienz halten, sondern auch dreimal reden, seine Verfügbarkeit wurde schon arg strapaziert. Drei, vier Stunden Hände schütteln, reden, anhören, antworten in allen nur möglichen Sprachen. Einzelaudienzen zuvor und danach, mit all den Problemen, die dem Papst vorgetragen werden. Von der «ordentlichen» Kirchenleitung gar nicht zu reden, von der Fülle der Probleme, die sein Pontifikat von Beginn an mit sich brachte.
Fortan finden die Generalaudienzen auf dem Petersplatz statt. Wie im Heiligen Jahr 1975. Doch die Zahl der Besucher ist weit grösser als damals. Insbesondere die Kinder und Jugendlichen suchen die Begegnung mit diesem Papst.
Ende Mai 1975 wusste ein deutscher Kardinal zu dem Bericht seines römischen Besuchers, das Heilige Jahr lasse sich gut an, nur zu sagen: «Er hat halt doch einen Riecher.» Gemeint war Paul VI.
Am Vorabend der Veröffentlichung des Schreibens, das der jetzige Papst zum Gründonnerstag 1979 an die Priester gerichtet und in dem er den Zölibat bekräftigt hat, versuchte der gleiche «Römer», einer Besuchergruppe aus Deutschland römisches Denken und Handeln zu erklären. Er bekam zu hören, der Zölibat müsse endlich abgeschafft werden. Der Papst hat seinen Priestern sehr einfühlsam geschrieben und betont, er schreibe aus persönlicher Erfahrung. «Nehmt die Worte des neuen Nachfolgers Petri entgegen, jenes Petrus, dem der Herr aufgetragen hat: Wenn du wieder zurückgefunden hast, dann stärke deine Brüder.»
Vielleicht liegt darin die letzte Antwort auf das Warum des derzeitigen Pilgerstroms.
Doch auf jeden Palmsonntag folgt ein Karfreitag.

Er musste nicht nur dreimal Audienz halten, sondern auch dreimal reden, seine Verfügbarkeit wurde schon arg strapaziert. Drei, vier Stunden Hände schütteln, reden, anhören, antworten in allen nur möglichen Sprachen und auf alle möglichen Probleme.

Mittelamerikanischer Karfreitag

Anfang März 1983

«Was sich am 4. März 1983 in Managua (Nicaragua) ereignete», war im «Rheinischer Merkur / Christ und Welt» zu lesen, «wurde von einem etwas übertreibenden Kommentator als zweiter Karfreitag beschrieben. Auf jeden Fall kann man sagen, dass dies der wohl bisher aussergewöhnlichste Tag im Pontifikat dieses Papstes war. Nie zuvor ist ihm ein so planmässig feindseliger Empfang bereitet worden.»
Von einer Regierung, der auch katholische Priester als Minister angehören! Der Koordinator der Junta nutzte gleich die Begrüssung des Papstes auf dem Flughafen zu einer 17 Minuten dauernden Agitationsrede gegen die USA und zu einem Loblied der Sandinisten-Revolution. Der Besucher hörte geduldig zu und betonte dann: «Mich führt eine Mission religiöser Natur nach Nicaragua; ich komme als Botschafter des Friedens; als Verkünder der Hoffnung; als Diener des Glaubens. Ich komme auch, um einen Appell des Friedens an jene innerhalb oder ausserhalb dieses geographischen Raumes – wo auch immer sie sich befinden – zu richten, die in irgendeiner Weise ideologische, wirtschaftliche oder militärische Spannungen fordern, die eine freie Entwicklung dieser Völker behindern.» Bei aller diplomatischen Formulierung war klar, an wen sich dieser Appell richtete: an die Grossmächte USA und Sowjetunion gleichermassen. Ein einziger Aufruf zur inneren Einheit der Kirche, zur Überwindung aller auflösenden Tendenzen war die Eucharistiefeier auf dem nach der Revolution vom 19. Juli 1979 benannten Platz in Managua. Schon die Kulisse forderte den

Papst heraus und beleidigte ihn. An der Fassade der Kathedrale ein riesiges Portrait des Nationalhelden Sandino, des Befreiers von der US-Herrschaft, auf dem Platz zahllose Spruchbänder mit Revolutionsparolen. Die Vertreter von Regierung und Partei auf den vordersten Plätzen – die mehr als eine halbe Million Gläubigen wurde auf beachtlichem Abstand vom Altar gehalten – skandierten fast unablässig ihre Slogans wie: «Die Macht dem Volk» und «Man kann Christ und Revolutionär sein». Der Papst konnte sich nur mit Mühe Gehör verschaffen, musste wiederholt zu Ruhe und Ordnung rufen und beantwortete den Slogan «Queremos la paz – Wir wollen Frieden» ebenfalls lautstark und nachdrücklich: «Die Kirche ist die erste, die den Frieden liebt.»

Die Sprechchöre der Sandinisten hörten auch während Wandlung und Kommunion nicht auf. «Eine Eucharistiefeier, die man in den Dienst der eigenen Ideen und Meinungen oder von Zielsetzungen stellt, die ihr fremd sind, ist nicht mehr die Eucharistiefeier der Kirche; statt zu einen, spaltet sie», mahnte der Papst. Es sei «absurd und gefährlich, sich eine andere Kirche vorzustellen – gleichsam neben der Kirche, um nicht zu sagen gegen die Kirche, die um den Bischof sich aufbaut.» Diese klare Absage an die sogenannte Volkskirche, verbunden mit einem eindringlichen Aufruf zur Einheit mit dem Papst und den Ortsbischöfen, wollten die Sandinisten nicht über Lautsprecher laufen lassen. Sie schalteten die Mikrophone des Papstes aus und ihre eigenen für Sprechchöre ein und betrieben auch sonst während der Messfeier «elektronische Piraterie», wie es Radio Vatikan nannte: während des päpstlichen Segens gingen nicht die Segensworte über den Lautsprecher, sondern die Hymne an die Revolution.

Streng und kompromisslos betonte Johannes Paul II.: «Die Einheit der Kirche wird in Frage gestellt, wenn sich den gewichtigen Faktoren, die sie bilden und tragen – dem Glauben, dem geoffenbarten Wort, den Sakramenten, dem Gehorsam gegenüber den Bischöfen und dem Papst, dem Sinn für gemeinsame Berufung und Verantwortung für das, was in der Welt Christus gehört – rein irdische Erwägungen entgegenstellen, unannehmbare ideologische Kompromisse, Optionen für das Zeitliche, ja sogar Auffassungen von der Kirche, die die wahre Auffassung ersetzen möchten.»

Er hat den Rebellenpriestern nichts geschenkt, sie zur Abkehr von jeglicher Ideologie und zur Hinwendung auf ihre eigentliche Aufgabe als Seelsorger gemahnt. Und er hat, bei aller Deutlichkeit, den Sandinisten nichts geboten, was sie für ihre politischen Zwecke ausschlachten konnten.

Am Abend dieses denkwürdigen Managua-Tages, bei seiner Rückkehr ins friedliche Costa Rica, bereiteten Tausende dem Papst einen herzlichen Empfang. Wollten gleichsam stellvertretend das Geschehene wieder gutmachen. Karol Wojtyla dankte gerührt: «Der Papst muss auch solche Situationen meistern, er ist doch der Vater der ganzen Kirche.» Später, im kleinen Kreis der Nuntiatur in San José, bekannte er seine tiefe Bedrückung über die absichtliche Schändung der Eucharistiefeier.

«Es wird eine Reise ins Leid», wusste er vorher. «Sie passt gut in die Fastenzeit.» Eine gewisse Presse wusste es besser: «Das war die Wende.» Will sagen: Diesen Dämpfer brauchte er. Es muss endlich Schluss sein mit den «Showreisen», mit dem «Baden in Jubel und Begeisterung».

Er ist gewiss nicht in dieser Absicht in die sogenannten Bananenrepubliken gefahren. Er war sich der Risiken durchaus bewusst. Doch er wollte gerade die Kleinen besuchen. Die Menschen, die in den acht mittelamerikanischen Staaten in unvorstellbarer Armut leben, während eine kleine Schicht reicher Familien alle irdischen Güter in Händen hat und ihren Besitz mit allen Mitteln verteidigt. Als Anwalt der «Kirche der Armen» prangerte er die sozialen Ungerechtigkeiten an. In Haïti beispielsweise. Die Sklaverei ist dort natür-

Tief bedrückt war er über die absichtliche Schändung der Eucharistiefeier durch die Sandinisten in Managua (Nicaragua). «Eine Eucharistiefeier, die man in den Dienst der eigenen Ideen und Meinungen oder von Zielsetzungen stellt, die ihr fremd sind, ist nicht mehr die Eucharistiefeier der Kirche; statt zu einen, spaltet sie.»

lich seit 150 Jahren verboten, doch noch heute lebt das Volk, wohl das ärmste in ganz Lateinamerika, in reiner Sklaverei unter dem Terror einer tyrannischen Familiendiktatur. Der Papst nahm kein Blatt vor den Mund, forderte die Sklaven auf, ihr «Haupt zu erheben», sich der eigenen menschlichen Würde bewusst zu werden. Der Diktator stand dabei.

In Guatemala verteidigte der Papst eindringlich die Rechte der Indios, die etwa die Hälfte der Bevölkerung stellen und dennoch weitgehend rechtlos sind. Präsident und Sektenprediger General Rios Montt liess sich zum Auftakt des Papstbesuches etwas Besonderes einfallen: die Hinrichtung von sechs jungen Menschen, die von militärischen Sondergerichten wegen «subversiver Tätigkeit» verurteilt worden waren. Die persönliche Intervention Johannes Pauls II. zugunsten der Verurteilten ignorierte der religiöse Fanatiker und Romgegner, der seine Gewalttaten mit Bibelzitaten schmückt und «im Namen Gottes» ausführt. Unter seiner Terrorherrschaft sollen nach Angaben internationaler Organisationen bereits 12 000 Menschen umgebracht worden sein.

«Es ist dringend an der Zeit, die Gewalt zu verbannen, die in dieser und in anderen Nationen schon so viele Opfer gefordert hat.» Papst Wojtyla betonte es auch in El Salvador. Auch in dem nach dem Erlöser benannten Lande herrscht Bürgerkrieg, der nach zuverlässigen Angaben schon über 30 000 Tote gefordert hat. «Gewisse Gruppen» seien gegen den Papstbesuch, teilte der Weihbischof der Hauptstadt vorher mit. Weil sie wussten, dass der Besucher Lüge und Scheinheiligkeit entlarven wird? «El Salvador – der Erlöser» konnte er nicht sein; er ist nur sein irdischer Stellvertreter. Und als Staatsoberhaupt war er gar gezwungen, dem Anführer der Todesschwadronen des Landes, der zugleich Präsident der verfassunggebenden Versammlung war, die Hand zu reichen. Auf dessen Konto geht offenbar auch die Ermordung des Erzbischofs Oscar Arnulfo Romero von San Salvador (24. März 1980). Er wurde am Altar erschossen. Am Altar! Eine derartige Blösse gibt sich heute nicht einmal mehr der atheistische Kommunismus – wenn auch das Attentat auf den Papst aus dieser Richtung kommt. Erzbischof Romero – der Papst betete in tiefer Ergriffenheit an seinem Grab in der Kathedrale – wurde ermordet, weil er sich kompromisslos für die Armen und Ausgebeuteten gegen eine kleine Oberschicht einsetzte, die mit allen Mitteln ihre Macht und Privilegien verteidigt.

Johannes Paul II. predigte Versöhnung und Brüderlichkeit auf der Basis der kirchlichen Soziallehre. «Es bedarf einer mutigen und hochherzigen Anstrengung zugunsten der Gerechtigkeit. An ihr führt kein Weg vorbei. Und das in einem Klima des Gewaltverzichts.» Vor dem Lateinamerikanischen Bischofsrat CELAM, in Port-au-Prince (Haïti) zur 19. Vollversammlung zusammengetreten, fasste der Papst die wichtigsten Anliegen und Forderungen dieser Reise zusammen: gegen Einmischung der Grossmächte, gegen ungerechte Verteilung der irdischen Güter, gegen Verletzung der Menschenrechte, – für eine politische Lösung aller Probleme durch Verhandlungen, für Achtung der kulturellen Eigenständigkeit, für Überwindung des Hasses, für Frieden in diesem geschundenen Teil der Welt.

Die Bischöfe hatten ihn eingeladen, als «Feuerwehrmann». Er ging hin und erfüllte sein Petrusamt. Nur mit der Waffe des Glaubens. Und dem Gebet der Unzähligen, das ihn auf dieser schwierigsten Reise, der siebzehnten ausserhalb Italiens, begleitet hat.

Zur 1500-Jahrfeier der Geburt des heiligen Benedikt besuchte der Papst 1980 dessen Heimatort Norcia. Auf dem Hauptplatz des umbrischen Städtchens ist dem Ordensgründer aus Nursia als dem Patron des Abendlandes ein Denkmal gesetzt. Papst Wojtyla gab ihm mit den beiden Brüdern Kyrillos und Methodios, die im 9. Jahrhundert von Griechenland aus die slawischen Völker missionierten, zwei weitere Europa-Patrone bei. Denn Europa ist für den ersten slawischen Papst eine christliche Einheit, über alle politischen Grenzen hinweg.

Keinen Türken bauen

Otranto, 5. Oktober 1980

«Einen Türken stellen» kommt als Redewendung wohl aus der deutschen Kaiserzeit der Jahrhundertwende und ihrem Militärambiente, aus Gefechtsübungen gegen einen angenommenen Feind; sie wurde zum geflügelten Wort, obwohl sie auf einem Missverständnis beruht. «Einen Türken bauen», hat bei den heutigen Machern der öffentlichen Meinung, namentlich beim Fernsehen, die präzise Bedeutung, dem Zuschauer (Hörer, Leser) mit unlauteren Mitteln Dinge vorzumachen, die nicht der Wahrheit entsprechen, die «getrickst» sind.

Das Wort «Türke» hat der Papst an dem Ort eines «Türkengemetzels» nicht in den Mund genommen. In Otranto sind im Sommer 1480 um die 800 Christen auf Befehl des ottomanischen Heerführers Ahmed Pascha niedergemetzelt worden. Der Heerführer hatte die wichtige Hafenstadt schon erobert und zur Plünderung freigegeben. Dann wollte er seinem Herrn, dem ottomanischen Sultan Mohammed II., noch mehr gefallen. Dem lag sehr an Handelsbeziehungen mit den wirtschaftlich starken Stadtrepubliken auf dem italienischen Stiefel. Die weltlichen Geschichtsschreiber gaben ihm den Beinamen «der Eroberer». Die Heerführer aber wussten immer, dass ein Volk nur dann erobert ist, wenn es keine Seele mehr hat. So liess Ahmed Pascha alle hinrichten, die sich der Knechtung des Gewissens widersetzten. «Von Humanismus war da nicht viel», liest sich das in modernen Lexika.

Johannes Paul II. verkennt nicht die Mitschuld der Christen am Desaster des menschlichen Zusammenlebens. Um so mehr redet er vom Menschen, jedem einzelnen Menschen, versucht sein Verantwortungsbewusstsein zu stärken, sein Gewissen, sein christliches Gewissen. «Christus hat seinen Jüngern keinen irdischen Erfolg versprochen, im Gegenteil, Verfolgung um ihres Glaubens willen.» Der Papst kann, wenn er christliche Normen des Zusammenlebens in Erinnerung ruft, nicht vorbehaltlos sagen, die christliche Sozialordnung sei verwirklicht worden.

Am 5. Oktober 1980 begab sich der Papst an den südöstlichsten Punkt Italiens und lenkte den Blick nach Osten. Auf das nahe Albanien zunächst, den atheistischen Musterstaat, in dem dank des christlichen Zeugnisses («Die Verfolger glaubten, es ausgerottet zu haben») nach einem Menschenleben der Unterdrückung etwas in Bewegung gekommen ist. Dann deutete er auf die Gesamtproblematik des Nahen Ostens hin. Dort hapert es aus falschem Glaubenseifer an vielem. Der Papst sprach von «schmerzlichen Feststellungen», dass überkommene religiöse Spaltungen auch der Christen (Libanon), der monotheistischen Religionen (Israel und arabisches Umland), «leider einigen die Möglichkeit bieten, religiöse Auseinandersetzungen auch noch politisch zu schüren.»

Der slawische Papst gebrauchte in diesem Zusammenhang den Begriff «levante». Mit den «Levantinern» ist nicht so leicht zu reden. Der Papst tut alles Menschenmögliche, auf diplomatischer Ebene. Letztlich bleibt ihm nur der Hinweis: «Libanon, Palästina, Ägypten, Arabien, Mesopotamien haben seit Jahrtausenden aus den heiligen Wurzeln jeder der dort heimischen grossen, gottgläubigen Traditionen gelebt.» Aber die Völker dieser Länder sind nicht und waren nicht immer frei, innerhalb willkürlich gezogener Grenzen ihren Glauben zu leben.

«Jerusalem kann Ort der Begegnung von Christen, Juden und Moslems werden», hofft der Papst. «Dort werden alle sich als Brüder fühlen, keiner über den anderen erhaben, keiner Schuldner des anderen.»

Prophezeiung eines prophetischen Papstes?

«Wenn die Kirche», sagt der Papst in Afrika, «die Botschaft des Evangeliums anbietet, will sie nichts Gutes und Schönes zerstören oder beseitigen. Die Kirche will Christus bringen, nicht die Kultur einer fremden Rasse.»

Freund und Bruder

Libreville, 20. Februar 1982

«Und wenn der Papst ein Türke wäre?», das war, auf Italienisch, auf den Brückenbogen einer Unterführung gespritzt, die der Papst auf dem Weg vom Vatikan zum römischen Flughafen durchfahren musste.
Johannes Paul II. suchte gerade mit und auf dieser seiner zweiten Afrikareise das Gespräch mit den Moslems, ein verbindlicheres Gespräch. Es ist Anliegen jeder Papstreise, auch den Nichtkatholiken und Nichtchristen zu begegnen. Zu Gesprächen mit hohen Vertretern des Islam war es bei der Papstreise in die Türkei gekommen, aber auch anderenorts. Diesmal sollte das Gespräch in der nordnigerianischen Landeshauptstadt Kaduna stattfinden. Der Norden Nigerias ist überwiegend mohammedanisch. Der päpstliche Reisemarschall Erzbischof Marcinkus hatte den Kontakt aufgenommen. Die lokalen Moslemführer zeigten sich sehr interessiert, sprachen von einer repräsentativen Begegnung, zu der sie auch Moslem-Oberhäupter anderer nordafrikanischer Länder einladen wollten. Der Papst selbst signalisierte zweimal von Rom aus öffentlich seine Bereitschaft, erläuterte im Geist des letzten Konzils, was der Dialog mit den Anhängern Allahs will: die Brüder im Glauben an den Einen Gott besser kennenlernen, aus diesem Glauben zu friedlichem Zusammenleben in gegenseitiger Achtung finden, für das Gemeinwohl aller Menschen und den Frieden in der Welt zusammenarbeiten, gemeinsam Zeugnis ablegen für die Notwendigkeit des Glaubens an das Übernatürliche in einer so sehr vom Diesseitigen bestimmten und vom Vormarsch des Unglaubens bedrohten Welt.

Mit dem Papst erhofften unzählige Menschen in aller Welt dieses Gespräch. Ausdruck dieser Hoffnung war, dass die Journalisten sich in erster Linie darauf konzentrierten. Doch nur ein Teil von ihnen, vornehmlich Bildreporter, flogen mit dem Papst nach Kaduna. Der Grossteil blieb in der Hauptstadt Lagos, in der Nähe der Fernschreiber. Ich gab ihnen zur rechten Zeit die Ansprache, die Johannes Paul II. an die Moslemführer richten wollte. Alle machten sich ans Tippen und setzten ihre Berichte in alle Welt ab. Am Abend kam die kalte Dusche: das Gespräch hat nicht stattgefunden. Nicht alle Kollegen konnten ihre Vorausberichterstattung noch berichtigen.
Das Gespräch hat nicht stattgefunden. Warum?
Es war unmöglich, auf die hämmernden Fragen der Journalistenkollegen eine Antwort zu geben. Eine Telefonverbindung mit Kaduna war nicht herzustellen. So blühten die Gerüchte. Die Moslemführer hätten Angst gehabt, der Papst rede ihnen ob ihrer vom Propheten Mohammed zugelassenen Polygamie ins Gewissen, verdamme ihren Fanatismus, Materialismus, politischen Exklusivismus, ihren Kampf mit Feuer und Schwert im Namen des Einen Gottes...
Erst am späten Abend, der Papst und sein Gefolge waren von Kaduna nach Lagos zurückgekehrt, erfuhr ich die Wahrheit. Die drei verschiedenen Glaubensrichtungen des Islam in Nigeria konnten sich nicht einigen, wer dem Papst als gemeinsamer Sprecher gegenüber treten sollte. Kommentierte ein deutscher Kollege: Jeder wollte Khomeini sein.
Den Papst selbst hätte es nicht gestört, drei Meinungen zu hören. Als er von der Uneinigkeit seiner erhofften Gesprächspartner erfuhr, tat er alles, die Peinlichkeit zu überbrücken. Er dehnte die Zeit, um die Lücke im Programm zu füllen. In der Kathedrale von Kaduna, wo er die Vertreter der katholischen Laienverbände begrüsste, fiel das Mikrophon aus. Das kam dem Papst gerade recht. «Singt doch etwas», forderte er auf. Und dann wurde gesungen, und wie!

Der Dialog mit Moslems, den der Papst bei jeder Gelegenheit sucht, strebt nach besserem Kennenlernen der Brüder im Glauben an den Einen Gott, nach friedlichem Zusammenleben in gegenseitiger Achtung, nach Zusammenarbeit für das Gemeinwohl aller Menschen und nach Frieden in der Welt.

Als die Lautsprecheranlage schliesslich funktionierte, schmückte er seine Ansprache mit zahlreichen Einlagen. Die Rede, die er für die Begegnung mit den Moslemführern vorbereitet hatte, ein überzeugendes Bekenntnis («ich bin Euer Freund und Bruder») zum Dialog zwischen Christen und Moslems, übergab er vor dem Abflug von Kaduna den Vertretern der Landesregierung. Das waren durchwegs Moslems. Und nachdem Politik und Religion dort weitgehend einig gehen, war er ja an der rechten Adresse.

Ein junger Fernmeldetechniker im Pressezentrum bemerkte zum Bericht eines Journalisten über das geplatzte Treffen: «Das fällt auf die Moslemführer zurück. Wenn in Afrika ein Gebot heilig ist, dann das der Gastfreundschaft. Wer einen Gast so vor den Kopf stösst, wird die Folgen tragen müssen.»

Zwei Staatschefs, einer der ärmsten und einer der reichsten, beide Moslems, haben auf dieser zweiten Afrikareise des Oberhaupts der katholischen Weltkirche von Marx und Engels, Lenin und Mao geredet. Beide wollten von Johannes Paul II. profitieren.

Der Präsident der Volksrepublik Benin, Oberst Mathieu Ahmed Kerekou, kam zur Begrüssung des Papstes mit erhobener Faust. «Es lebe Seine Heiligkeit, Johannes Paul II.», schrie er. «Die Revolution geht weiter! Der Marxismus-Leninismus wird siegen!» Der Papst aus Polen konnte sich ein Lächeln kaum verkneifen. Am liebsten hätte er laut herausgelacht. Man sah es ihm an. Als der staatliche Gastgeber (eine Papstreise ohne Einverständnis der staatlichen Behörden ist nicht möglich) die Propheten des atheistischen Materialismus sozusagen über den Schellenkönig lobte, zwinkerte der Stellvertreter Christi vertrauten Vatikanjournalisten zu. Lassen wir ihn reden...

Benin, das frühere Dahomey und ehemalige französische Kolonie, wird von der revolutionären Einheitspartei des Obersten Kerekou nach starrem leninistisch-marxistischen Modell regiert. Neuerdings richtet er sich mehr nach dem chinesischen System der Zentralisierung aller Kräfte auf die Landwirtschaft aus. Ferienzeiten sind Erntezeiten. Der Dreieinhalbmillionen-Bevölkerung, darunter 600 000 Katholiken, ist ein Mindesteinkommen von umgerechnet 100 Franken monatlich garantiert. Die Schulen sind nationalisiert, Religionsunterricht ist verboten. Die geprüfte, aber aktive Kirche legt geschlossen Zeugnis für ihre Sendung ab und trägt sehr zur menschlichen Entwicklung bei. Gerade die kirchliche Entwicklungshilfe, die vor Ort von einer gut organisierten Caritas realisiert wird, hat das gespannte Klima zwischen Regime und Kirche langsam entschärft. Der Papst wollte mit seinem Kurzbesuch in Benin das Zeugnis der Treue dieser Ortskirche anerkennen und auch seine persönliche Wertschätzung für den einzigen afrikanischen Kurienkardinal bekunden: Bernardin Gantin, der 1956 zum ersten einheimischen Bischof ernannt wurde und seit mehr als zehn Jahren in der Zentrale der katholischen Weltkirche tätig ist. Er stand neben dem Papst, als Oberst Kerekou das Hohe Lied des Atheismus sang. Er lächelte, als der Oberst beim Segen des Papstes das Kreuzzeichen machte, weit ausholend, so dass jeder es sehen musste. Dem Papst und dem schwarzen Kardinal jubelte das Volk zu. Es weiss sehr wohl, woher das wahre Heil und die konkrete Hilfe kommt.

Der Präsident der Republik Gabun, El Hadj Omar Bongo, redete beim Abschied des Papstes von Afrika auf dem Flughafen von Libreville ebenfalls von Marx und Engels und fast in einem Atemzug – er ist seit ein paar Jahren auch Moslem – von Allah und dem einen Gott der Mohammedaner und der Christen. Er stellte die Vorkämpfer des Unglaubens übergangslos neben die Verkünder des Glaubens – und sich selbst gleichberechtigt neben den Papst. Überall in der Hauptstadt waren grosse Plakate aufgestellt mit seinem und des Papstes Bild.

Gabun ist ein kleiner, aber durch seine Bodenschätze sehr reicher afrikanischer Staat. Ehemals ebenfalls französische

Manche afrikanische Staatsoberhäupter begrüssten den Papst mit einem Loblied auf ihre Revolution, redeten von Marx und Engels, Lenin und Mao, stellten die Vorkämpfer des Unglaubens übergangslos neben die Verkünder des Glaubens und wollten vom Papstbesuch persönlich profitieren. Ein Pastoralbesuch bei der Ortskirche ohne Einverständnis der jeweiligen staatlichen Obrigkeit ist nicht möglich.

Kolonie, wird es seit der Unabhängigkeit 1960 auch von einer Einheitspartei regiert. Präsident Bongo rühmt sich, das Ei des Columbus gefunden zu haben: nämlich die Schaffung einer Opposition innerhalb der Einheitspartei. Etwas Wahres ist dran. In den Tagen des Papstbesuches war viel von einem möglichen Staatsstreich die Rede. Solange der Papst im Lande war, sonnte sich Bongo in dessen Glanz. Die Verabschiedung des Papstes wurde im Fernsehen live übertragen. Kaum war der einzige Jumbo der Air Gabun mit dem Papst an Bord ausser Sicht, verkündete der Informationsminister am Bildschirm die Sondermeldung: als Zeichen des Dankes für die gute Aufnahme des Papstes gewährt der Präsident einen weiteren Feiertag. Die meisten Gabuner genossen das lange «päpstliche» Wochenende. Der Präsident wollte auf goodwill-tour ins Landesinnere, unterliess es aber dann doch. Er wusste nicht, ob er seinen Stuhl ohne die Unterstützung des Heiligen Stuhls unbesetzt wiederfinde.

Mehr als die Hälfte der knappen Million Einwohner ist katholisch. Die Kirche hat es mit Problemen wie etwa in Deutschland und Frankreich zu tun. Achtzehn Prozent der Katholiken leben ihren Glauben. «Viele wissen nicht, warum der Papst kommt», sagt ein längjähriger Missionar. «Aber wir wissen alle, dass Reichtum schwer zu evangelisieren ist.» Genau das war der Grund, warum der Papst kam. «Wir haben sehr wohl begriffen, was Sie uns sagen wollten», versicherte Präsident Bongo dem Papst beim Abschied und schloss mit einem Bekenntnis an den Einen Gott, an den Moslems, Christen und – so sagte er – auch Heiden glauben. Ich hätte ihn gern gefragt, auf welcher Ebene er sich als Chef eines sehr reichen Staates mit seinem Amtskollegen im armen Benin verständigt. Einheitspartei hier wie dort. Phrasen über die Propheten des atheistischen Materialismus und die Weltrevolution ebenfalls hier wie dort. Das geht zurück auf die ebenfalls gemeinsame Indoktrinierung der beiden Staatschefs auf der Moskauer Ausländeruniversität. Sonst ist da aber nicht viel. Keine gegenseitige Wirtschaftshilfe. Von Nächstenliebe nicht zu reden – das wäre ja christlich. Gabuner haben mir erzählt, ihr derzeitiger Führer zähle auch persönlich zu den fünf reichsten der afrikanischen Staatspräsidenten. Das will er wohl auch bleiben.

Papstreisen sind Ausdruck der Verfügbarkeit. Das Oberhaupt der Weltkirche stellt sich den Anliegen der Ortskirchen, nimmt sie zur Kenntnis, antwortet, versucht eine Lösung kontroverser Fragen im Gespräch, jedoch immer aus seinem katholischen, universalen Auftrag, wobei er aber die Kultur eines jeden Volkes respektiert. «Wenn die Kirche», sagte der Papst hier in Libreville, «die Botschaft des Evangeliums anbietet, will sie nichts Gutes und Schönes zerstören oder beseitigen. Vielmehr erkennt sie zahlreiche kulturelle Werte an und reinigt durch die Kraft des Evangeliums gewisse Elemente des Brauchtums, um sie in den christlichen Gottesdienst aufzunehmen. Die Kirche will Christus bringen, nicht die Kultur einer fremden Rasse.»

Die japanische Stadt Hiroshima wurde am 6. August 1945 durch eine Atombombe fast völlig zerstört. Sie hat als erste das ganze Grauen des Atomzeitalters und, so sagt der Papst vor dem Mahnmal, «die reale Möglichkeit der Selbstvernichtung der ganzen Menschheit» erfahren. «Sich an Hiroshima erinnern heisst, sich dem Frieden verpflichten,

Zum Leben geboren

Vatikanstadt, 1. Januar 1980

Vor den Folgen eines Krieges mit Nuklearwaffen hat der Papst am Neujahrstag mit eindringlichen Worten gewarnt. Bei einem Gottesdienst im Petersdom betonte er nachdrücklich: «Der Mensch ist zum Leben geboren.» Die katholische Kirche beging am Neujahrstag zum dreizehnten Male den Weltfriedenstag, den Paul VI. eingeführt hatte, um der Menschheit zu Beginn jeden neuen Jahres das Anliegen des Friedens in Erinnerung zu rufen. Dem diesjährigen Weltfriedenstag hat Johannes Paul II. das Motto gegeben: «Die Wahrheit, Kraft des Friedens». In seiner Predigt während der Eucharistiefeier im Petersdom, an der vorwiegend Jugendliche teilnahmen, ging er wie immer von der Tagesliturgie aus, dem Fest der Mutterschaft Mariens, und stellte fest: «Es gibt nichts, was dem Krieg und dem Morden stärker entgegensteht als die Mutterschaft.»

Das Gespenst eines Atomkrieges zeichnete der Papst mit folgenden Worten: «Kürzlich habe ich von einigen Wissenschaftlern eine Zusammenfassung der unmittelbaren und schrecklichen Folgen eines Nuklearkrieges bekommen. Hier die wichtigsten:

50 bis 200 Millionen Menschen sterben sofort oder infolge der Explosionen;

die Lebensmittel werden infolge Radioaktivität in weiten Gebieten in drastischer Weise knapp;

die überlebenden Menschen, die Fauna und die Flora, erleiden gefährliche genetische Veränderungen;

der Ozongürtel in der Atmosphäre wird verändert, mit unabsehbaren Folgen für die Lebensbedingungen des Menschen;

in einer direkt betroffenen Stadt brechen nach einer nuklearen Explosion alle Dienstleistungen zusammen, und es herrscht der Terror; infolgedessen können keinerlei wirksame Hilfen geleistet werden, und es entsteht die Panik des Weltuntergangs.»

«Schon zweihundert der 50 000 Nuklearbomben oder Sprengköpfe, die es heute schätzungsweise gibt, genügen zur Zerstörung der meisten Grossstädte», fuhr der Papst fort und machte sich den Appell der genannten Wissenschaftler zu eigen: «die Völker dürfen nicht die Augen vor dem verschliessen, was ein Atomkrieg für die Menschheit bringen kann».

«Reichen diese Hinweise?», fragte der Papst. «Oder wollen wir diesen Weg weitergehen?»

Er selbst, fuhr der Papst fort, diskutiere über Kriegsgefahren und Friedensbemühungen mit vielen Menschen und bei vielen Anlässen. Seine Bemühungen fasste er so zusammen: «Der Weg zum Frieden: das sind bilaterale oder multilaterale Gespräche und Verhandlungen. Sie bleiben sinnlos und bringen keinen Frieden, wenn sie nicht von einer Voraussetzung ausgehen: dem gegenseitigen Vertrauen.»

Gegenseitiges Vertrauen, mahnte der Papst, gewinne man nicht mit Gewalt «und auch nicht mit reinen Erklärungen». Vertrauen müsse man mit konkreten Gesten und Fakten «verdienen».

Johannes Paul II. ging nicht auf die gegenwärtigen Weltprobleme ein, sagte aber mit deutlicher Richtung an die Sowjetunion: «Es muss immer wieder auf die menschlichen Grundrechte und Grundwerte hingewiesen werden.»

heisst den Glauben an den Menschen erneuern, an seine Fähigkeiten, das Gute zu tun, in seiner Freiheit das Richtige zu wählen, in der Entschlossenheit, Unglück zu einem neuen Anfang werden zu lassen. Die Menschheit ist nicht zur Zerstörung bestimmt.» In diesem Sinne erhob der Papst mahnend und hoffnungsvoll die Hand zum Friedensgruss.

«Sie bringen ihn um»

An Bord von «Shepherd I» zwischen
Washington und Rom, 7./8. Oktober 1979

Am Abend der Ankunft in Chicago konnte sich der Papst kaum mehr auf den Beinen halten. Es war die längste Etappe dieser an Anstrengungen sich überbietenden Neun-Tage-Reise. Vormittags Eucharistiefeier und mehrere Begegnungen in Philadelphia, mittags Flug in den Mittelwesten und Eucharistiefeier mit der Landbevölkerung in Des Moines, abends Weiterflug nach Chicago, dort Besuch der Kathedrale und anschliessend noch in einer anderen Kirche eine Begegnung mit Laienbrüdern religiöser Orden. Elf Uhr abends. Der Papst konnte gerade noch mit grosser Mühe seine Ansprache verlesen. «They will kill him», meinte mein Nachbar. «Sie bringen ihn um», mit diesem viel zu dichten Programm, dieser Hetze von einem Ort zum anderen.

An das «They will kill him» fühlte man sich am nächsten Morgen erinnert, als im Pressezentrum die Papstansprache an die amerikanischen Bischöfe verteilt wurde. «Haben Sie das gelesen?», ging es immer wieder wie ein Aufschrei der Auflehnung durch die Reihen der Journalisten. Die Meinungsmacher waren irritiert von der Deutlichkeit, mit der Johannes Paul II. zu allen heiss diskutierten Themen kirchlicher Lehre und Disziplin Stellung nahm.

Doch am Nachmittag desselben Tages, da er so klar und unverblümt gesprochen hatte, war der Zustrom der Menge am grössten. Eineinhalb Millionen Menschen versammelten sich im Grand Park von Chicago zur Eucharistiefeier mit dem Papst. Seit den frühen Morgenstunden waren sie in das Parkgelände am Michigansee geströmt. Viele hatten Transistorradios dabei und hörten die laufenden Nachrichten und die «harte» Papstrede. Niemand reagierte ablehnend. Die religiöse Sammlung, die Anteilnahme an der Messfeier, die gespannte Aufmerksamkeit während der Predigt über den Weltauftrag des Christen schienen noch stärker als bei den anderen Gottesdiensten. Die Menge hatte die Botschaft des Papstes verstanden: «Die Aufgabe für unsere Zeit besteht darin, die Botschaft des Evangeliums ganz in die Mitte des Lebens der Menschen zu bringen, so dass sie in der vollen Wahrheit ihrer Menschlichkeit, ihrer Erlösung und ihrer Sohnschaft in Jesus Christus leben können und reich werden an Gerechtigkeit und Heiligkeit in der Wahrheit.»

Weil die katholische Lehre in Frage gestellt wurde, geleugnet oder praktisch übertreten wurde, hat der Papst die ungeschminkte Wahrheit zu den brennendsten Themen gesagt, wie sie in den vergangenen Jahren auch von der US-Bischofskonferenz in Erklärungen und Hirtenbriefen schon dargelegt worden war. Im einzelnen stellte er fest: Die Rassendiskriminierung gehört zu den hartnäckigsten und schlimmsten Übeln; die Ehe ist unauflöslich; die Lehre Pauls VI. über die verantwortliche Elternschaft ist uneingeschränkt gültig; Geschlechtsverkehr ausserhalb der Ehe ist verfehlt; homosexuelle Aktivität ist moralisch falsch; Abtreibung ist ein unsagbares Verbrechen; Euthanasie oder Tötung aus Mitleid ist ein schweres moralisches Übel.

Nach dem ersten Schock über diese «hämmernde» Sprache setzte sich auch bei den Journalisten die Überzeugung durch, dass sie richtig war. Jeder weiss jetzt, woran er ist. Johannes Paul II. selbst formulierte das so: «Ein Wort in Klarheit mit grosser pastoraler Liebe dient wirklich der Wahrheit und denjenigen, die diese befreiende Wahrheit suchen.» Seine ganze Reise durch Irland, zu den Vereinten Nationen und in einige Städte der USA diente dazu, die Menschen auf die Dimension des ewigen Lebens hinzuweisen. «Durch diese Proklamation des ewigen Lebens geben

Bisweilen sind die Journalisten schockiert über die «hämmernde» Sprache des Papstes, sehen dann aber doch ein, dass sie richtig ist. In Vorbereitung seiner Spanienreise Anfang November 1982 betonte er gegenüber der Korrespondentin des spanischen Fernsehens (In Bildmitte der «zweite Mann» im Päpstlichen Staatssekretariat, Substitut Erzbischof Eduardo Martinez Somalo, auch er ist Spanier) erneut seine Vorstellung von der Einheit der Völker des Alten Kontinents.

wir unseren Gläubigen ein starkes Motiv zur Hoffnung gegen die Angriffe des Materialismus, gegen einen zügellosen Säkularismus sowie gegen moralische Gleichgültigkeit.» Von den weiteren Klarstellungen des Papstes – Bekräftigung des Zölibates, Generalabsolution nur in klar umschriebenen Fällen, Interkommunion kein Weg zu christlicher Einheit – wurde in den USA vor allem das katholische Nein zum Priestertum der Frau diskutiert. Selbst die Vorsitzende der Konferenz der Oberinnen der katholischen Frauenorden forderte am Sonntagvormittag in ihrer Grussadresse an den Papst eine volle Beteiligung der Frau an «allen kirchlichen Ämtern». Ob sie auch das Priestertum meinte, blieb unklar. Frauen haben, das gab es bisher noch nicht, bei allen Papstmessen als Lektorinnen mitgewirkt. Verheiratete ständige Diakone – auch dies ein Novum bei Eucharistiefeiern mit dem Papst – haben das Evangelium verkündet und zusammen mit Priestern die Kommunion ausgeteilt. In Chicago bat der Papst eine Gruppe von etwa fünfzig Katechisten beiderlei Geschlechts auf die Altarinsel und unterstrich so die grosse Bedeutung ihres Dienstes in der Kirche. Doch diese deutlichen Zeichen nahmen nur wenige Beobachter wahr. Bei seiner klaren Unterscheidung zwischen Weihepriestern und allgemeinem Priestertum aller Gläubigen hat Johannes Paul II. auch immer wieder die existentielle Bedeutung des Auftrags der nicht ordinierten Gläubigen unterstrichen, ihre Eigenverantwortung im weltlichen Bereich. Grossen Wert legte der Papst darauf, mit allen Ständen der Kirche zusammenzutreffen, von den Studenten an den «kleinen» Seminaren bis zu den Bischöfen, sowie mit allen Bevölkerungsschichten und den verschiedenen ethnischen Gruppen im Vielvölkerstaat USA. Mit seiner eindeutigen Sprache und seiner Selbsthingabe versuchte er einer totalen Konsumgesellschaft die grundlegenden Glaubens- und Sittenwerte wieder zu vermitteln, die durch allerlei äussere Zwänge dieser Gesellschaft immer mehr ausgehöhlt werden.

Tagelang waren sämtliche Medien der USA voll vom Thema «Papst». Das Fernsehen übertrug ständig, die Zeitungen berichteten seitenlang, objektiv und wohlwollend. Die einer jüdischen Familie gehörende «New York Times» druckte auf der Titelseite den liturgischen Text der Papstmesse im Yankee Stadion. Die Rundfunkübertragungen erfüllten die Strassen mit religiösen Liedern. In den Geschäften, Restaurants und selbst Nachtbars flimmerte der Papst über den Bildschirm. Spruchbänder, Souvenirs kündeten: «The whole world loves you» («die ganze Welt liebt Sie»). Und der Papst selbst skandierte am Sonntag morgen, dem letzten Tag seiner Gewalttour, vor Studenten in der katholischen Universität: «John Paul Two – he loves you» («Johannes Paul II. – er liebt euch»).

Was bleibt von diesem amerikanischen Jubel und Trubel? Auf dem Rückflug von Washington nach Rom an Bord der «Shepherd I» («Hirte I»), wie die amerikanische Fluggesellschaft das den Papst befördernde Flugzeug benannt hat, wird viel darüber gesprochen – nicht nur unter den Journalisten (der Papst schläft – endlich). Es bleibt ein gewaltiger Auftrag für die Verantwortlichen der Ortskirche, diesen Anruf des Papstes weiterzusagen, wachzuhalten, zu vertiefen, lebendige Tat werden zu lassen.

Des Papstes Antwort auf alle T-Shirts: «John Paul Two – he loves you». Was ihn nicht hindert, eher darin bestärkt, einer totalen Konsumgesellschaft wieder die grundlegenden Glaubens- und Sittenwerte zu vermitteln, die durch allerlei Zwänge dieser Gesellschaft immer mehr ausgehöhlt werden.

Arbeiter unter sich

Mailand, Pfingsten 1983

Der junge Gewerkschafter duzte den Papst, als sei das so üblich. «Heiliger Vater, wir wollen, Du und ich, uns weiterhin gemeinsam für die Gerechtigkeit einsetzen, gegen die Ungleichheit, für den Frieden, für die Freiheit, gegen den Krieg, für Solidarität, gegen alte und neue Egoismen.» Er sagte das ganz schlicht und einfach, eine Begrüssungsansprache ganz eigenen Stils. «Gemeinsam wollen wir den Vorrang des Menschen vor der Arbeit und den Vorrang der Arbeit vor dem Kapital betonen. So wollen wir gemeinsam den Menschen bestätigen, Du mit Deinem Lehramt, wir Arbeiter mit unserer täglichen Arbeit.»

Es war in Sesto San Giovanni bei Mailand. An die hunderttausend Arbeiter der lombardischen Industriemetropole hatten sich zu einer Begegnung mit Johannes Paul II. versammelt, der zum Abschluss des Nationalen Eucharistischen Kongresses dem Erzbistum Mailand, einem der grössten der Welt, einen Seelsorgsbesuch abstattete. (Allein in diesem Jahrhundert sind zwei Erzbischöfe von Mailand auf den Stuhl Petri berufen worden: Pius XI. und Paul VI. – Der letzte Papst, der Mailand besuchte, war Martin V., im Jahre 1418).

Der «Papst zum Anfassen» fand offensichtlich Gefallen an dem Ton des Gewerkschafters. Er schlug den gleichen an: «Auch ich habe das Leben, das Ihr führt, mit seiner Mühe und seinen Plagen, aber auch seinen Freuden und Hoffnungen erfahren.» Er schaute den Nächststehenden, einem nach dem anderen, in die Augen. «Ich weiss, was es heisst, in die Fabrik zu gehen und alle nutzbaren Stunden des Tages, alle

Tage der Woche, alle Wochen des Jahres dort zu verbringen. Ich habe das am eigenen Leib erfahren, nicht etwa aus Büchern gelernt.»

Karol Wojtyla hat sein Brot bekanntlich fünf Jahre lang, von 1940–1945, als ungelernter Arbeiter verdient. Zuerst in einem Steinbruch, dann in einer chemischen Fabrik in der Nähe des damaligen Konzentrationslagers Auschwitz. «Diese Lektion» seiner besten Jugendjahre (er ist Jahrgang 1920) habe er nicht vergessen, «wenn auch die Vorsehung mich in der Folge zu anderen Aufgaben berufen hat: Deshalb versäume ich keine Gelegenheit, mich mit Arbeitern zu treffen; mit Euch, liebe Brüder und Schwestern. Deshalb kann ich zu Euch zugleich als Bruder und als Papst sprechen.»

Was er dann sagte, war deutlich wie immer: Kritik an der Arbeitgeberseite ob ihrer starren Haltung in den laufenden Verhandlungen über die Erneuerung der Tarifverträge. Sorge um die Folgen einer sich überstürzenden technologischen Entwicklung. Appell an alle Verantwortlichen, gezielt und konkret der wachsenden Arbeitslosigkeit, vor allem der Jugendlichen, entgegenzuwirken. Betonung der unersetzlichen Rolle der Arbeit für den Reifungsprozess des einzelnen wie für den Aufbau der Gesellschaft. «Aus dem einträchtigen Bemühen aller wird jener Fortschritt in der Gerechtigkeit und im Wohlergehen erwachsen können, der das gemeinsame Bestreben der verschiedenen Mitglieder des Sozialgefüges darstellt.»

Zweihunderttausend Jugendliche hatte er drei Stunden zuvor auf der berühmt-berüchtigten Auto-Rennbahn von Monza zur Mithilfe am Aufbau einer «neuen Gesellschaft» aufgefordert. Einer Gesellschaft, in der das Leben in all seinen Entwicklungsstadien geachtet und statt Wettrüsten echter sozialer Fortschritt betrieben wird. In der Kinder und Arme nicht mehr Hungers sterben, während die reichen Nationen skandalöserweise die Reste ihrer üppigen Bankette und Agrarüberschüsse wegwerfen. In der die geordnete Umwandlung nicht der Utopie des Terrorismus und der gewaltsamen Revolution überlassen wird. In der Jugendliche nicht versucht sind, in der Droge die Illusion von Glück zu suchen. In der auch diejenigen, die nicht nach den erbarmungslosen Gesetzen der heutigen konsum-orientierten Wirtschaft produzieren oder verbrauchen können, geachtet und von Gesetzen geschützt werden. Kurzum: «Helft mit, eine neue Gesellschaft zu bauen, in der Gerechtigkeit, Wahrheit, Liebe, Solidarität und Dienst sichtbar verwirklicht werden!»

Die Auto-Rennbahn hallte wider vom begeisterten Beifall der Jugendlichen, die plötzlich Hunderte von Transparenten erhoben, auf denen stand: «Grazie amico.»

Klare Sprache

Castel Gandolfo, 4. September 1979

Der Verlogenheit des Menschen zu begegnen, ist nicht leicht. Sie hat viele Gründe und Entschuldigungen. Letztlich ist sie Ausdruck innerer Haltlosigkeit.
Die Verlogenheit der Eltern, der Gesellschaft hat viele junge Menschen in den Teufelskreis der Hoffnungslosigkeit und Drogenabhängigkeit geführt. «Zeugen eines möglichen Sieges», betitelte die Zweimonatsschrift des italienischen Solidaritätszentrums für Drogenabhängige den Bericht einer Begegnung mit dem Papst.
Karol Wojtyla begegnet der Verlogenheit und Hoffnungslosigkeit mit fast extremer Ehrlichkeit. Mit einer offenen und klaren Sprache. Er spielt niemandem etwas vor. Er tut, was er sagt, was er denkt. «Es ist noch früh, singen wir noch etwas!» – es war nach 21.00 Uhr, am 4. September 1979, in der päpstlichen Sommerresidenz Castel Gandolfo. 400 Jugendliche aus Österreich, Teilnehmer eines Kurses geistlicher Einkehr im benachbarten «Zentrum Pius XII. für eine bessere Welt», waren um den Papst versammelt. Seiner Aufforderung, noch etwas zu singen, kamen einige mit einem echten alpenländischen Jodler nach.
Manchmal – die Unfehlbarkeit beschränkt sich ja nur auf das Lehramt «ex cathedra» – sagt er auch etwas Falsches. «Ah, Oberammergau» zum Beispiel. Herbe Enttäuschung für die 900 Pilger aus der österreichischen Diözese Eisenstadt, die in St. Margarethen ein eigenes Passionsspiel aufführen. Dann fiel ihm wieder ein, dass er das Burgenland im Jahre 1970 besucht hatte, damals als Erzbischof von Krakau und – wie Bischof Stefan Laszlo von Eisenstadt – Mitglied des vatikanischen Rates für die Laien. «Sie sind ein sehr reicher Bischof», hatte er ihm damals gesagt. Er meinte die vielen Mitarbeiter im Laienstand, die der Bischof hat, oder vielleicht auch ein bisschen dessen überkommene Besitztümer, einschliesslich Weingärten. «Muss ich das alles trinken?» fragte er, als ihm 20 Flaschen Wein – für 20 Jahre seit der Errichtung der Diözese – überreicht wurden. Der Witz ist auch Ausdruck klarer Sprache. Unter totalitären Regimen meist einziger Ausdruck, in Form von Flüsterwitzen. Diese Erfahrung lebt in Karol Wojtyla weiter. Doch seine Witze sind nie beissend, treffend, ja.
Er redet immer spontan, in vielen Sprachen. «Ich kann das nicht lesen», sagt er vom Fenster seines Arbeitszimmers im Vatikan aus und meint die Spruchbänder, die Pilger zum sonntäglichen Mittagsgebet auf den Petersplatz gebracht hatten. Das war in den ersten Monaten seiner Amtszeit. «Sehr diplomatisch gesagt, dass die Leute keine Spruchbänder mitbringen sollen», meinten Vatikandiplomaten. Er: «Warum denn nicht?»
Offene Sprache und Diplomatie scheinen sich auszuschliessen. Die offene Sprache Karol Wojtylas hat vieles vereinfacht und schon vieles erreicht.
«Etwas hat sich bewegt», bestätigte er dem Wiener Kardinal Franz König, der ihn gefragt hatte, wie es weitergehen wird. Und der Wiener Kardinal ist bekanntlich ein Brückenbauer zwischen Ost und West.

II.

VERFÜGBAR

Im Glaubensgehorsam: Ja

Vatikanstadt, 16. Oktober 1978

VERFÜGBARKEIT ist das Schlüsselwort. Es stand in der Sixtinischen Kapelle. Überall und dennoch unsichtbar. Menetekel für alle vor Michelangelos Jüngstem Gericht.
Beim ersten Konklave im Drei-Päpste-Jahr war das noch nicht so. Da wirkte noch die Gewalt der Geschichte, die kulturschöpfende Macht italienischen Papsttums. Noch ein Jahrhundert zuvor hatte ein Papst in seiner Ewigen Stadt um irdischen Besitz und Macht gestritten, wie er es für seine Pflicht hielt, und dafür ein Konzil bemüht. Sein Nachfolger, Leo XIII., immer noch Feudalherr, sanktionierte die Rechte der Rechtlosen mit der Sozialenzyklika «Rerum Novarum». Sie fand auch in seinem eigenen Kirchenstaat nicht den Weg nach unten. Der heilige Pius X., der am Vorabend des Ersten Weltkrieges starb, wollte verinnerlichen. Sein Nachfolger Benedikt XV. bemühte sich vergeblich als Vermittler. Pius XI. löste die «Römische Frage», handelte mit Mussolini die Souveränität des Kleinstaates der Vatikanstadt aus, der den Verzicht des Papstes auf weltliche Macht beinhaltet. Seinem Staatssekretär und Nachfolger Pius XII. übergab er sterbend ein scharfes Dokument gegen den Faschismus und Nazismus. Der Pacelli-Papst versuchte sein Möglichstes, war aber in römisch-adligem und deutsch-perfektem Denken gefangen. Der vermeintliche Übergangspapst Johannes XXIII. überraschte mit seiner Menschlichkeit – und mit der Einberufung des Zweiten Vatikanischen Konzils. Er selbst hat darin «eine plötzliche Eingebung» erkannt. Paul VI. hatte die nicht leichte Aufgabe, dieses Wirken des Heiligen Geistes in menschliche Wirklichkeit umzusetzen. Im Zweiten Vatikanischen Konzil waren nicht mehr die Vertreter eines abendländischen Denkens alleinherrschend. Die Konzilsväter erkannten sich selbst, formierten Weltkirche, dank Paul VI. Der aber verwirklichte das Zweite Vatikanische Konzil so konsequent, dass ihm viele nicht folgen konnten, nicht folgen mochten, auch Bischöfe.
Beim zweiten Konklave im Drei-Päpste-Jahr, im Oktober 1978, war manches einfacher. Die Kardinäle kannten einander besser und waren mit der Verfahrensweise vertraut. Jeder wusste, dass das Papstamt nicht erstrebenswert ist. Karol Wojtyla, der Gewählte, der Erwählte, sagte dennoch ja. Wörtlich antwortete er auf die Frage, ob er die recht-

«Er sonnt sich in der Menge», lautet einer der Vorwürfe gegen diesen kontaktfreudigen Papst, der sich den Menschen in einer Weise zur Verfügung stellt, wie es andere Grössen dieser Welt nicht wagen. Wer in diesem Zusammenhang von Schaustellung faselt, hat nie unter einem «päpstlichen Sonnenbad» mitgeschwitzt.

mässig erfolgte Wahl annehme: «Im Glaubensgehorsam gegenüber Christus, meinem Herrn, und im Vertrauen auf die Mutter Christi und seiner Kirche nehme ich ungeachtet der grossen Schwierigkeiten an.»
Der Kölner Erzbischof, Kardinal Höffner, im Konklave Mitglied der Dreier-Delegation, die den soeben Gewählten zu fragen hatte, ob er die Wahl annehme, bekannte später: «In diesem Augenblick seines Ja habe ich gespürt, dass etwas in ihm vorgegangen ist. Etwas, was ich nur mit Heiliger Geist erklären kann.»
Bei den täglichen Kardinalsversammlungen, die der Abwicklung der laufenden Geschäfte in einer Zeit ohne Papst dienen, und in den beiden Konklaven des Jahres 1978 hatte Karol Wojtyla die gleichen Nachbarn. Die Sitzordnung, in der Sixtinischen Kapelle wie bei Tisch, ist nach herkömmlicher vatikanischer Gepflogenheit sehr streng nach dem Alter – nicht Lebensalter, sondern «Alter» der Kardinalsernennung.
Nachbarn Wojtylas waren, in beiden Konklaven, der Philippine Julio Rosales und der Italiener Michele Pellegrino. Der, ehemals Erzbischof von Turin und inzwischen im Ruhestand, erzählte später den Inhalt des Tischgesprächs am Abend der Wahl Karol Wojtylas: seine Jugend, seine Erfahrung als einfacher Arbeiter, die Besetzung des Landes, sein Weg zum Priestertum.

Kardinal Joseph Höffner bezeugt dem neugewählten Papst am Tag der offiziellen Übernahme seines Dienstamtes wie alle andern Kardinäle, die ihn gewählt haben, Treue und Gehorsam. Im Konklave hatte der Kölner Erzbischof «etwas gespürt, was ich nur mit Heiliger Geist erklären kann.»

Das Bistum Rom zum Vorbild zu machen, ist eines der Hauptanliegen des Papstes «aus einem fernen Land». Dazu gehört auch der Kreuzweg rund ums Kolosseum, der Stätte frühchristlichen Martyriums.

Bischof von Rom

Rom, 8. Dezember 1978

Der Papst ist Bischof von Rom. Die Ewige Stadt, deren erster Bischof Petrus war, hat das Vorrecht auf Oberhirten, die im Lauf der Geschichte jene weltumspannende Einheit verwirklichen, die im Begriff «katholisch» den weltweiten Sendungsauftrag dieser Kirche bezeugt.

Einen Bischof aus Polen hatte die Kirche von Rom in ihrer fast zweitausendjährigen Geschichte bis dato noch nicht. Für die Römer kam Karol Wojtyla aus einem fernen Land – wie einst Petrus, der den «neuen» Glauben, die Frohbotschaft Christi, ins Herz des römischen Kaiserreiches getragen hatte. So gesehen, war auch der Papst aus Polen kein Fremdling, vielmehr den Römern im gleichen Glauben verbunden. Das Bistum Rom, das Vorbild sein soll, ist in vielem widersprüchlich. Keine Stadt hat soviele Gotteshäuser wie die Ewige, beherbergt soviele Priester und Ordensleute, kirchliche Universitäten, Hochschulen, Seminarien, Ordenshäuser und sonstige kirchliche Einrichtungen. Doch viele der kunstvollen Kirchenräume der Innenstadt sind nur einmal jährlich zum Gottesdienst geöffnet, am Tag ihres himmlischen Patrons. In den volkreichen Vorstadtbezirken, in der Bannmeile mangelt es an Kulträumen. Da zählt eine einzige Pfarrei auch mehr Menschen als manches der überkommenen kleinen Bistümer in Mittel- und Süditalien, aus denen die Landflucht vor allem die jungen Leute in immer grösserer Zahl in die wuchernden Wohnsilos am Rande der Hauptstadt treibt. Und dort werden – als Folge davon – die Arbeitslosen immer zahlreicher, die Jugendlichen immer frustrierter. Anfälliger auch für die Versuchung, den so-

zialen Ausgleich mit Diebstahl und Gewalt zu erzwingen. Opfer sind oft die nicht gerade begüterten älteren Menschen, die von weither kommen und in einer Rompilgerfahrt eine Lebenserfüllung sehen.

Das Bistum Rom bringt selbst wenig Priesternachwuchs hervor. Kaum ein Dutzend pro Jahr für eine Drei-Millionen-Diözese. Dennoch quillt es über von Priestern – und nicht wenige von ihnen möchten hier, im Zentrum der Kirche, «Karriere» machen.

Viele, vor allem Ordensleute, leisten in aller Stille Unglaubliches im Dienst ihres Ordens, der kirchlichen Bildungsstätten, der Zentralverwaltung der katholischen Weltkirche. Papst Paul VI. hatte den priesterlichen Mitarbeitern der Römischen Kurie eine Arbeitswoche von 33 Stunden mit der Massgabe verordnet, die restliche Zeit dem Seelsorgsdienst zu widmen. Dennoch mangelt es in vielen römischen Pfarreien – und bei vielen «Verwaltungspriestern» – an Impulsen für den direkten Dienst an den Seelen.

Auch nach dem Friedensschluss mit dem geeinten Italien durch die Lateranverträge von 1929 verliess Pius XI. die den Päpsten zugestandenen Gebiete nie. Nur einmal ging Pius XII. in seine Stadt hinaus, um den Bewohnern des Viertels um San Lorenzo nach einem Bombenangriff im Zweiten Weltkrieg Trost zu spenden. Johannes XXIII. nahm an Prozessionen teil, machte Pfarrbesuche und griff damit alte Traditionen des Bischofs von Rom wieder auf. Bei Paul VI. wurden die Pfarrbesuche in der Ewigen Stadt fast zum System. Johannes Paul I. hingegen fand in den 33 Tagen seines Petrusamtes nicht die Zeit, in sein Bistum hinauszugehen. Johannes Paul II. sah darin von Anfang an eine Hauptaufgabe.

Zeit für Gott

Krakau, 7. Juni 1979

Der Römer, mit der Ewigkeit durchaus vertraut, kommt hier in Zeitnot. Hier laufen die Uhren ganz anders. Hier haben die Leute Zeit, nicht enden wollende Zeit – für Gott.
In den knapp acht Monaten seines Amtes hat der Papst aus Polen zwar auch den Rhythmus der Ewigen Stadt ein wenig verändert. In anscheinend widersprüchlicher Form. Durch sein Arbeitstempo zunächst, das Kuriale, Journalisten und Polizisten ständig auf Trab hält. Sein tieferes Anliegen wurde in dieser Hetze nicht so recht deutlich. Der Römer musste nach Polen kommen, um es ganz zu begreifen.
In diesem sozialistischen Land haben die Leute schier unendlich viel Zeit für Gott. Auf dem Warschauer Siegesplatz am Pfingstsamstag mehr als eine Viertelmillion. Am Pfingstsonntag in Gnesen kaum weniger. Gut, das war Wochenende. Aber am Pfingstmontag, normaler Arbeitstag, war der «Weisse Berg» mit dem Heiligtum der Muttergottes in Tschenstochau auch voll von Gläubigen, zweimal, mittags und abends, dreimal am Dienstag: mittags zum Angelus-Gebet, nachmittags bei der Eucharistiefeier mit den Besuchern aus Niederschlesien, abends beim «Appell von Jasna Gora», der täglichen Erneuerung der Weihe an die Gottesmutter. Und so am Mittwoch: Angelus mittags, Messfeier mit den Oberschlesiern am Nachmittag.
Es waren keineswegs immer dieselben Leute, die da zusammenkamen. Man hat den Pilgerstrom bewusst zu entflechten versucht. Für die Bischöfe, die Priester, die Ordensleute, die Seminaristen und andere Gruppen wurden eigene Begegnungen mit dem Papst vorgesehen.

Bei seinem ersten Heimatbesuch im Juni 1979 knieten der Papst und Kardinalprimas Wyszynski lange am Grabe des Unbekannten Soldaten im Zentrum der polnischen Hauptstadt.

Alles verlief ohne Chaos. Kirchlicherseits hatte man den zu erwartenden Pilgerstrom reguliert: für den Nordosten Zentrum Warschau, den Nordwesten Zentrum Gnesen, den Südwesten Zentrum Tschenstochau, den Süden Zentrum Krakau.
Der verkehrsgeplagte Römer staunte schon beim Anflug der Papstmaschine auf Warschau. Fast kein Verkehr auf den Strassen, kaum eine Bewegung auf den Feldern oder in den Höfen. Auf der Autobahn von Warschau nach Tschenstochau zählte er im Schnitt drei Fahrzeuge im Gegenverkehr pro Minute. An den Flussläufen oder Weihern ein paar Badende. Da und dort Bauern bei der Heuernte. Hochstehendes Korn, weite, flache oder leicht gewellte Felder, satte Wiesen, fruchtbares Land, Wälder, Birkenhaine, Wäldchen. Die Autobahn geht südlich Tschenstochau mitten durch die Dörfer. Auf dem Haltestreifen, der rechten von drei Fahrbahnen, ein paar Spaziergänger, Radfahrer, Familien mit Kinderwagen. Mancher Hauseingang mündet direkt auf die Autobahn, die Nebenstrassen ohnehin.
Aber es ist kein Verkehr. Dennoch sind bei jeder Begegnung mit dem Papst die Leute plötzlich da. Meist fahren sie nachts, mit Sonderzügen und Omnibussen, oder gehen weite, sehr weite Strecken zu Fuss. Die Orte, wo der Papst landet, die Strassen, durch die er fährt, die Stätten, an denen er Eucharistie feiert – alles wird Stunden vorher für jeden Verkehr gesperrt.
Der Römer staunt jedoch nicht so sehr über die Menge. Damit hat er gerechnet. Er staunt über das Verhalten dieser gläubigen Menge. Auf dem Siegesplatz in Warschau standen viele bis zu zehn Stunden unter sengender Sonne. (Im Süden des Landes ging nach vierwöchiger Hitzewelle am Mittwoch nachmittag endlich ein Gewitterregen nieder.) Während der dreistündigen Papstmesse brachten nur die Wasserträger und Sanitäter die Andeutung einer Bewegung in die Viertelmillion Menschen. Der Vergleich mit dem Petersplatz

drängt sich auf. Dort ist ein ständiges Kommen und Gehen. Rauschende, wogende, schwatzende Menge. Hier wird der öffentliche Platz zum Dom. Unbewegliche, betende, singende, schweigende, applaudierende Gläubigkeit.
Bei der Wandlung und vor der Kommunion sinken alle auf die Knie. Konzilserrungenschaften, wie Handkommunion, sind hier bedeutungslos. Der päpstliche Zeremonienmeister kam dennoch in Bedrängnis. Die örtlichen Planer hatten nicht, wie in Rom üblich, eine wohldosierte Vertretung aller Anwesenden bestimmt, die aus der Hand des Papstes selbst die Kommunion empfangen darf. So kam es zu einem Gedränge, dem schliesslich die drei angereisten vatikanischen Ordnungshüter ein Ende bereiteten. Das war der einzige «Polizeieingriff». Vor dem mittäglichen Stundengebet und dem abendlichen «Appell» in Jasna Gora wurde jeweils Eucharistie gefeiert, mit langer Ansprache eines Bischofs. Dann kam der Papst, ebenfalls mit einer langen Ansprache. Danach und zuvor Gebet und Gesang, dann der Segen. Der Papst, nach langem Tag müde, will gehen. Da tritt eine Jugendband auf, singt und spielt Marienlieder, Volkslieder, Schnulzen. Der Papst bleibt sitzen, steht auf, setzt sich wieder, steht erneut auf und bleibt schliesslich lange sitzen, ruht sich aus. Die Band spielt weiter. Das Volk singt mit, der Papst auch. Der Präfekt des päpstlichen Hauses ist fassungslos. Der päpstliche Reisemarschall schickt sich immer wieder an, seinem Chef eine Gasse zum Eingang ins Kloster zu bahnen. Doch der setzt sich wieder hin. Der Pro-Staatssekretär lächelt. Und mir knurrt der Magen.
Vor Papst Wojtyla dauerte der sonntägliche «Angelus» in Rom höchstens zehn Minuten, jetzt schon mal eine halbe Stunde. In den polnischen Familien dauert der abendliche «Appell von Jasna Gora» (vergleichbar mit dem Angelus) zwei Minuten; auf Jasna Gora selbst natürlich immer länger. Ja, hier haben die Leute Zeit für Gott (und den Papst).

«Einiges stimmt nicht»

Philadelphia, 4. Oktober 1979

«Ja, ja, ich habe schon gemerkt, dass in Amerika einiges nicht stimmt.» Der Papst sagte es vor 9000 Priestern und 2000 Ordensschwestern im «Civic Center», einer riesigen Versammlungshalle in Philadelphia. Denn als er seine Ansprache beginnen wollte, funktionierte das Mikrophon nicht. Was er sagte, war an die Priester der ganzen Welt gerichtet. Auch oder gerade weil er nichts Neues sagte. Bemerkenswert allerdings, dass die anwesenden Priester ohne Ausnahme langanhaltend zu allen drei Punkten, die der Papst betonte, applaudierten:

Priester ist man für immer. Wir dürfen das einmal gegebene Geschenk nicht zurückweisen. Es kann nicht sein, dass Gott, der den Anstoss zum «Ja» gegeben hat, später ein «Nein» hören möchte.

Die Welt soll es nicht verwundern, dass der Anruf Gottes mittels der Kirche uns weiterhin einen zölibatären Auftrag der Liebe und des Dienens nach dem Vorbild unseres Herrn Jesus Christus anbietet.

Die Tatsache, das ein persönlicher individueller Ruf zum Priestertum von Gott an «den ergeht, den er selbst erwählt hat», steht im Einklang mit der prophetischen Tradition. Sie sollte uns verstehen helfen, dass die traditionelle Entscheidung der Kirche, Männer und nicht Frauen zum Priestertum zu rufen, keine Frage der Menschenrechte noch ein Ausschluss der Frauen von der Heiligkeit und der Sendung in der Kirche ist.

«Nur in der Rolle Christi, des Guten Hirten, kann unser pastoraler Dienst als Priester verstanden werden», betonte der Papst und fügte hinzu: «Die Wirksamkeit unserer Verkündigung, ja der Erfolg unseres Priestertums überhaupt hängt ab von unserer Treue zum Lehramt.»

Zu Treue und Disziplin mahnte Johannes Paul II. auch die Anwärter auf das Priesteramt. Seinen Besuch im Priesterseminar von Philadelphia bezeichnete er als eine der wichtigsten Etappen seiner Reise durch die USA. «Ich wollte ein Seminar besuchen und mit den Alumnen zusammentreffen. Über euch, die ihr hier versammelt seid, möchte ich zu allen Seminaristen sprechen.»

Wenn die Seminare, die Stätten der Priesterausbildung, ihre Aufgabe wirklich erfüllen wollen, seien zwei Punkte von ausschlaggebender Bedeutung: sie müssen Lehrstätten des Gotteswortes und Orte der Disziplin sein. «Disziplin im Seminar wird eure Freiheit eher stärken als einschränken. Disziplin wird es euch auch erleichtern, Tag für Tag den Gehorsam zu erneuern, den ihr Christus und seiner Kirche schuldet.»

Einen Anruf zu mehr innerer Disziplin glaubten feine Ohren auch aus der Ansprache des Papstes in der ukrainisch-katholischen Kathedrale von Philadelphia herauszuhören. In dieser altehrwürdigen Kirche des orientalischen Ritus, die heute praktisch nur noch in der Diaspora lebt und wirkt, gärt es seit langem. Eine Gruppe von Bischöfen, Priestern und Laien verlangt immer wieder, dass die Ukrainische Kirche ein Patriarchat erhält. Dem stehen jedoch (noch) kirchenrechtliche und praktische Überlegungen entgegen. Der Papst ging auf dieses Thema mit keinem Wort ein. Er unterstrich vielmehr seine Hochschätzung für das ukrainische Volk und erinnerte an die Leiden und Ungerechtigkeiten, die es erdulden musste. Ebenso wisse er um das Martyrium der ukrainisch-katholischen Kirche und ihr um so höher zu wertendes Streben, dem Evangelium in Einheit mit dem Nachfolger Petri treu zu bleiben.

«Priester ist man für immer», sagt der Papst. Eine der verehrungswürdigsten Priestergestalten unserer Zeit ist Josyf Slipyj, geboren 1892, Grosserzbischof der ukrainisch-katholischen Kirche, wegen seiner Romtreue 17 Jahre in sowjetischen Lagern, dank menschlicher Verständigung zwischen dem damaligen Sowjetchef Chruschtschow und Papst Johannes XXIII. freigelassen und von Papst Paul VI. zum Kardinal erhoben. Ungebrochener Zeuge seines Priestertums und Bischofsamtes.

Volk ohne Angst

Krakau, 10. Juni 1979

In Polen wird das Unmögliche möglich. Es ist durchaus denkbar, dass der kommunistische Partei- und Landeschef neun Tage lang Stossgebete verrichtete und am Dreifaltigkeitssonntag laut Alleluja sang. Alles hat glänzend geklappt. Keinerlei Zwischenfall, keine Versorgungsprobleme, beste Kommunikationsmöglichkeiten, kein Volksaufstand. Und dennoch Menge, unendliche Menge: Geordnete, jubelnde, gläubige Menge.

Der Parteichef ist in einer hoffnungslosen Lage. Der Papst, der Primas, die Bischöfe Polens haben eine Truppe, gegen die niemand ankommt, schon gar nicht die kommunistische Ideologie, die Partei – obwohl sie alle Machtmittel in der Hand hat: die Instrumente der Meinungsmache vor allem bis zur Möglichkeit, die Ausgabe der Eintrittskarten für die Begegnungen mit dem Papst zu verzögern, um den Gläubigenstrom zu drosseln.

Sie strömen dennoch. Alle Zentren, die der Papst besuchte, waren Stunden vorher in weitem Umkreis für jeden Privatverkehr gesperrt. Erbetene Sonderzüge wurden nicht genehmigt, aber die Leute waren dennoch da: zu Fuss, meist nachts und über viele, viele Kilometer. Und jedesmal, wenn Jan Pawel II. vom eigens geteerten Hubschrauberlandeplatz auf Krakaus Volkswiese Blonie zum Bischofshaus in der Innenstadt fuhr, rannten auch die Kellnerinnen auf die Strasse, und wunderten sich über den Römer, der sitzen blieb, weil er das alles schon kennt, zu kennen glaubte.

In Polen wird der Römer katholisch. Ein italienischer Kollege protestierte voll Verwirrung: «Das ist ja nicht mehr Petrus, sondern Andreas (der Apostel des Ostens); nicht mehr Rom ist der Mittelpunkt, die Kirche verlagert sich an die Peripherie.»

Armer Gierek. Arme linkskatholische Schreiberlinge. Arme Kommunisten. Arme Handlanger des Sozialismus. Er kann nur noch auf die Dekadenz des Westens bauen. Doch dazwischen liegt Polen. «Habt keine Angst!», waren die ersten Worte des Papstes aus Polen, dieses ersten slawischen Papstes, der aus einem Land kommt, das immer unter dem Druck der benachbarten Grossmächte stand. Dieses gläubige Volk hat keine Angst. Es trägt erlittenes Leid und aktuelle Freude zur Schwarzen Madonna von Tschenstochau – und singt überzeugt: Christus vincit, Christus siegt.

«An keinem Ort der Welt kann man an Christus vorbeigehen», sagt der Papst. Elf Minuten lang Beifall, unterbrochen von dem Aufschrei: «Wir wollen Gott!» Dann erst kann der Papst weiterreden: «Christus möge die Zukunft Polens, die Zukunft der Welt bestimmen. Sein Geist, der Geist Gottes, möge über uns kommen und das Angesicht der Erde erneuern.» Pfingsten in Polen. Die Jugend in Polen erneuert. An die hunderttausend Studenten zogen in Krakau, an dem Ort, wo der König den Bischof hinrichten liess, ein Kreuz aus der Tasche, hielten es mit der linken Hand hoch und bekreuzigten sich mit der Rechten, während der Papst den Segen spendete.

Die Leidensfähigkeit dieses Volkes ist Frucht seiner Gläubigkeit. Aber es ist ein fröhlicher Glaube. Trotz (oder gerade wegen) der schwierigen äusseren Umstände lacht dieses Volk, ist gastfreundlich, entgegenkommend, hilfsbereit. Die Christen müssten erlöster ausschauen, hat mal einer gesagt. Er war wohl nie in Polen.

Die Pilgerfahrt des polnischen Papstes durch seine Heimat war eine neuntägige Christenlehre. Gelebte Katechese, bisweilen mit penetranten nationalistischen Tönen. Doch in diesem Land steht Nation für katholisch, und umgekehrt.

Vor Michelangelos Jüngstem Gericht feierte der polnische Papst mit dem ukrainisch-katholischen Kardinal Josyf Slipyj und den übrigen Oberhirten dieser mit Rom unierten, in der Heimat seit Stalins Zeiten verbotenen und seither nur noch in der Emigration lebenden Kirche die Einsetzung der «Synode der ukrainischen-katholischen Hierarchie». Der Errichtung eines ukrainischen Patriarchates stehen noch kirchenrechtliche und praktische Überlegungen entgegen.

Und hat es die Welt nicht nötig, penetrant auf Christus verwiesen zu werden?
Politik ist hier Pastoral, oder umgekehrt: Von der Ostdiplomatie zur Ostpastoral. Paul VI., so erinnerte Johannes Paul II. an seinen grossen Vorgänger, durfte nicht nach Polen reisen. Sein getreuer Casaroli, der heutige Staatssekretär, hat den Weg geöffnet und erfüllt weiter im Auftrag des Hl. Stuhles eine heikle und weitreichende Aufgabe im Osten. «Religionsfreiheit ist Ausdruck der Souveränität.»
Einmal, in Auschwitz-Birkenau, spricht der Papst den grossen östlichen Nachbarn an. Nicht den Kreml, sondern das russische Volk. «Ich weiss, welchen Anteil dieses Volk im letzten schrecklichen Krieg im Kampf um die Freiheit hatte. Mehr will ich nicht sagen.» Er zitiert die Charta der Menschenrechte, sagt kein Wort der Anklage, auch nicht gegen die Nazis. «Wir sind hier an einem Ort, wo wir über jeden Menschen in jeder Nation nur als Bruder denken können. Das sage ich nicht nur im Namen der vier Millionen Opfer von Auschwitz, sondern im Namen aller, deren Recht, deren Menschenwürde überall in der Welt missachtet wird. Beten wir für Frieden und Versöhnung.» Er ist ein Zeuge Christi und deswegen ein Rufer nach Menschlichkeit. «Die wirklich menschenwürdige Kultur ist die christliche.»
Polen hat in diesem Punkt einiges zu sagen. Europa muss christlicher werden, die Welt muss christlicher werden.
An diesem Papst kann keiner vorbei. Die Pilgerfahrt durch Polen ist ein Triumph. Aber gleichzeitig ein Dienst.
Eingehen auf den Menschen, auf seine Nöte und Hoffnungen. Keine Indoktrinierung. Nicht Ideologie, sondern Glaube. Nicht Knechtung, sondern Befreiung. Geschichtsbewusstsein und Zukunftsplanung. Gelebte Enzyklika: Redemptor hominis, der Erlöser des Menschen ist Jesus Christus.
«Ich bin ein Mensch mit grossem Vertrauen», sagt Karol Wojtyla vor dem Heiligtum der Schwarzen Madonna von Tschenstochau. «Und hier, auf dem Jasna Gora, habe ich das gelernt.»
Auf dem Kalvarienberg von Zebrzydowsky südlich von Krakau hat der Sturm in der Nacht vor dem Papstbesuch die vatikanische Fahne vom Turm der Wallfahrtskirche gerissen. Die polnische hielt. Sie war offenbar aus besserem Stoff.
Die Kirche, die Welt brauchte diese polnische Stärkung, diesen slawischen Papst, diese neuntägige Katechese, dieses Beispiel.

Ganz spontan

Rom, Ostern 1980

Ganz spontan lud der Papst am Abend des Ostersonntags etwa 6000 Universitätsstudenten und Professoren aus 43 Ländern in den Cortile San Damaso, einen grossen Innenhof im Apostolischen Palast, ein. Die Teilnehmer des vom Opus Dei in Rom veranstalteten Kongresses «Universität 80», der sich mit den heutigen Zuständen und Entwicklungen an den Universitäten und Hochschulen befasst hatte, zogen zum Abschluss ihrer römischen Zusammenkunft auf den Petersplatz, um den Papst zu grüssen. Der veranlasste die Öffnung des bereits geschlossenen Bronzetores des Vatikans und bat die Studenten in sein Haus.
Auf dem Damasushof kam es zu einem unbefangenen Zwiegespräch, das sich über eine Stunde bis 21.30 Uhr hinzog. Johannes Paul II. beantwortete in den verschiedensten

An jedem Gründonnerstag wäscht der Papst als Bischof von Rom zwölf Alten oder Jugendlichen oder Kranken nach dem Beispiel Christi die Füsse. Am Karfreitag setzt er sich für einige Stunden im Petersdom in einen Beichtstuhl, lässt sich die Schwierigkeiten und Verfehlungen von Menschen wie du und ich vortragen, benimmt sich wie ein einfacher Priester, als hätte er nichts anderes zu tun.

Sprachen die Fragen der Studenten. Stellte selbst Fragen. Sang mit ihnen und fasste schliesslich den Sinn der Begegnung zusammen: «Ich möchte weniger zu euch reden, als euch so sehen, wie ihr seid – jung, spontan, aufrichtig und fähig, Liebe zu schenken.»
Und natürlich lud er sie ein, ihn im Lauf des Sommers in Castel Gandolfo zu besuchen.
Die Spontaneität geht dem vatikanischen Apparat reichlich verquer. Dieser Pole mit seiner «Polenwirtschaft» hat da einiges durcheinandergebracht.
Am Karfreitag ging er überraschend in den Petersdom, setzte sich in einen Beichtstuhl und nahm zahlreichen Gläubigen die Beichte ab. Das war noch nie da: ein Papst hört Beichte, lässt sich die Schwierigkeiten und Verfehlungen von Menschen wie du und ich vortragen, benimmt sich wie ein einfacher Priester, als hätte er nichts anderes zu tun.

Nonkonformist

Rom, Allerheiligen 1980

Nonkonformisten bilden das Himmelreich. Der Nonkonformist Karol Wojtyla sagte es an einem Tag und einem Ort, die zumindest einmal im Jahr menschliches Bemühen jenseitsbezogen erscheinen lassen: Am Fest Allerheiligen und auf dem römischen Stadtfriedhof Campo Verano.
Aus den acht Seligpreisungen der Bergpredigt Christi besteht letztlich das Neue Testament. Nicht mehr: «Du sollst nicht...», sondern: «Selig ist, wer...».

Von Nonkonformisten hat Christus natürlich nicht gesprochen, aber seine Aufzählung ist eine Liste von Menschen, die in der «normalen» Gesellschaft Aussenseiter sind und es auch bleiben werden, solange christliche Durchdringung dieser Gesellschaft nicht Wirklichkeit geworden ist.
Karol Wojtyla erklärte, was christliche Lebensweise und damit künftiges Selig-sein heute bedeutet: «erstens nicht leicht», zweitens «nicht losgelöst von einer Komponente des Leidens», – aber: «der Himmel ist ein Reich der Nonkonformisten.»
Heute jährt sich der Tag, an dem Karol Wojtyla aus den Händen des Kardinals Stefan Sapieha, damals Erzbischof von Krakau und sein Vorgänger auf diesem polnischen Bischofssitz, die Priesterweihe empfangen hat: vor 34 Jahren. Die Bezogenheit dieses Papstes auf Daten und Fakten ist bezeichnend. Allerheiligen – Priesterweihe – Familie. Seine Eltern sind längst tot, sein einziger Bruder auch. Aber: «Heiligkeit wächst oder geht durch die Familie.»
Für die Römer ist Allerheiligen der zweitwichtigste Tag des Jahres, nach Weihnachten. Sie haben in der Regel schreckliche Angst vor dem Tod und wollen deshalb einen Toten, auch wenn es ein engstes Familienmitglied ist, möglichst schnell aus dem Haus und auf dem Friedhof haben. An Allerheiligen aber veranstalten sie auf dem Friedhof eine Art Familienfest. Da sind die Verstorbenen sozusagen dabei. Der Papst zollt diesem Brauch Respekt und besucht jedes Jahr an Allerheiligen einen römischen Friedhof. Er sagt dann etwa: «Wichtig ist, dass wir das Endziel nicht aus den Augen verlieren. Der Gedanke an unsere Verstorbenen hilft uns. Sie sind schon da, wo wir eines Tages sein werden.»

Das «Setz dich hin» des jugendlichen römischen Straffälligen befolgt Karol Wojtyla auf seinen Pastoralbesuchen über das römische Bistum hinaus nur, wenn er wirklich nicht mehr kann. Wenn er aus dem Händefalten wieder Kraft schöpfen muss.

«Setz dich hin!»

Rom, 6. Januar 1980

Es ging schon auf sieben Uhr abends, als Papst Wojtyla am Dreikönigstag nach über zweistündigem Besuch das römische Jugendgefängnis von Casal del Marmo verliess. Der beissende Wind, der schon den ganzen Tag über in Rom geweht hatte, war eisig geworden. Trotzdem stand Johannes Paul II. aufrecht im offenen Auto und erteilte zum Abschied noch einmal den Segen. Und von droben, von den «gesicherten» Fenstern, hinter denen die Jugendlichen in ganzen Trauben hingen, schrie einer: «Setz dich hin, es ist doch so kalt.» Der Papst, mit einem sanften Lächeln auf den Lippen, gehorchte.

Es waren die letzten Worte einer langen und überaus herzlichen Aussprache zwischen dem Papst und den 60 jugendlichen Häftlingen, die auf ihre Aburteilung warten, eines Gesprächs ohne Blatt vor dem Mund, wie es sich die jungen Leute schon seit dem letzten Sommer gewünscht hatten. Ein paar Stunden lang herrschten in Casal del Marmo Hoffnung und Vertrauen anstatt Verzweiflung, Enttäuschung und Wut, regierte einmal nicht das Gesetz des Stärkeren.

Die Hoffnung in Person – das war für sie der Papst. Schon bei der ersten Begegnung in der Gefängniskapelle tragen sie ihm in selbstverfassten Gebeten ihre geheimsten Wünsche, ihre Sehnsucht nach der Freiheit vor – Wünsche, die meinen, was sie sagen, weil sie erlebt und erlitten sind. Einer drängt sich durch bis zum Papst, kniet vor ihm nieder. «Segnen Sie mich», fleht er, «denn morgen bin ich dran, und die Richter entscheiden über meine Zukunft.» Der Papst umarmt ihn: «Ich segne Dich, aber wenn Du hier rauskommst,

51

musst Du was arbeiten. Versprichst Du mir das?» Und zu den übrigen sagt er: «Auch wenn eure Liebsten euch schief anschauen – der Papst hat euch gern und vertraut euch. Denn wie alle jungen Menschen habt ihr die Fähigkeit zum Guten und zur Ehrlichkeit in euch.»
Für kurze Zeit entfernt sich Johannes Paul II. von den Jugendlichen, spricht mit dem Justizminister, der Gefängnisleitung, den Eltern der jungen Häftlinge, wendet sich den Wärtern zu. «Ich habe euch alle gern, weil ihr das Unmögliche für diese jungen Leute versucht und sie wie eure eigenen Kinder liebt», sagt er zu diesen und dankt ihnen für alle Opfer und Schwierigkeiten, die sie auf sich nehmen. Dass sie aufreibende Arbeitsschichten aushalten müssen, immer wieder Schwierigkeiten mit den jungen Häftlingen haben und zudem wirtschaftlich gar nicht so gut gestellt sind wegen der kleinen Löhne, haben sie dem Papst nicht gesagt.
In der Turnhalle, die zugleich Aula ist, hat Papst Wojtyla ein kaltes Buffet aufstellen lassen: Belegte Brötchen, Sandwiches, Kuchen und Gebäck, dazu Fruchtsaft, Limonade und auch Wein und Bier – reichlich für alle. Auch er selbst isst mit. Und einen nach dem anderen lässt er sich von Kardinalstaatssekretär Casaroli – «Padre Agostino» für die jungen Leute, denn er kümmert sich seit vielen Jahren um die straffälligen Jugendlichen – die Anstaltsinsassen vorstellen. Dass kein Fernsehen, keine Fotografen dabei sind, erleichtert die sehr persönlichen Gespräche. «Papst, hör mal, ich muss Dir was sagen», sagt einer, oder: «Papst, glaubst Du, dass wir uns mal wiedersehen?»
Zwei Geschenke haben sie für ihn angefertigt, und Johannes Paul II. ist gerührt: eine «Schwarze Madonna von Tschenstochau» aus emailliertem Kupfer und einen Keramikteller mit einer Darstellung der Wallfahrtskirche auf dem Jasna Gora. Der Papst dankt mit bewegten Worten.
Der Mann ihrer Hoffnung war Johannes Paul II. für die jungen Häftlinge an diesem Nachmittag und auch der Mann, der ihnen Hoffnung machte. Ein Freund, zu dem man auch «du» sagen durfte – einer, der nicht enttäuschen wird, dessen Liebe echt ist – gerade der, den sie brauchten: ein Vater. Und einem Vater darf man auch etwas schenken, nachdem man so viel von ihm bekommen hat. Und wenn's auch nur der liebevolle Rat ist: «Setz Dich hin, es ist doch so kalt.»

Dem Menschen begegnen

Dem Menschen begegnen ist, nach und aus der ständigen Begegnung mit Gott, das wichtigste Anliegen des Papstes. Seine erste Enzyklika, eine Art Regierungserklärung für sein Dienstamt, trägt die Anfangsworte «Redemptor hominis» – der Erlöser der Menschen ist Jesus Christus. Ihn immer und überall zu verkünden, ist sein Auftrag als Nachfolger des heiligen Petrus.
Dem Beispiel Christi folgend, wendet er sich dabei vornehmlich an die einfachen Menschen. Zunächst an jene vor seiner eigenen Haustür: an die Gläubigen, Zweifelnden, Ungläubigen seines eigenen Bistums. Nach und nach möchte er alle römischen Pfarreien besuchen – und das sind immerhin 286. Die ersten Besuche dieser Art galten Pfarreien in Stadtrand- und traditionellen Arbeitervierteln.
Doch als Bischof von Rom, Nachfolger des Apostelfürsten, ist der Papst oberster katholischer Bischof der Weltkirche. Er kann sich nicht nur um sein römisches Bistum kümmern. Er stellt sich der ganzen Welt zur Verfügung.

Die Päpste in neuerer Zeit suchten die Begegnung mit der Weltkirche ausschliesslich in Rom. Erst Johannes XXIII. ging über sein eigenes Bistum hinaus, wallfahrtete zum heiligen Franziskus nach Assisi und zum Marienheiligtum in Loreto. Er sei zu alt, weitere Reisen zu unternehmen, bemerkte er dazu; das werde dann sein Nachfolger tun. Paul VI. hat in der Tat, wie der Völkerapostel Paulus, die Begegnung mit der ganzen Welt gesucht, hat sich ihr in einer Weise zur Verfügung gestellt, wie es andere Grössen nicht wagen. Dennoch blieb auch er letztlich Gefangener der vatikanischen Mauern und ihrer Fenster zur Welt. Einige hat er aufgerissen. Im Heiligen Jahr, obwohl schon müde und krank, gelang ihm der Durchbruch. Der Pilgerstrom war so gewaltig, dass die wöchentlichen Generalaudienzen auf dem Petersplatz abgehalten werden mussten. Auch Paul VI. fuhr mit einem Geländewagen durch die Menge – wie Johannes Paul II. Nur hatte er nicht die Spontaneität eines Karol Wojtyla.

Die Ängste der Sicherheitsbeamten waren die gleichen; die Begeisterung der Menge auch, ebenso das päpstliche Anliegen: in einfacher, aber fordernder Katechese wesentliche christliche Prinzipien darzulegen – ob sie gefallen oder nicht. Mut ist Voraussetzung der Verfügbarkeit, Mut zur klaren Aussage. Erstes Thema Karol Wojtylas bei seiner wöchentlichen Katechese auf dem Petersplatz war die Familie. Die Unauflöslichkeit der Ehe, die Reinheit des Herzens.

Paul VI. hatte im Zuge der Konzilsreformen an der Römischen Kurie ein Komitee für die Familie errichtet. Johannes Paul II. erhob es zu einem eigenständigen Organ der Zentralverwaltung der katholischen Kirche mit einem Kardinal an der Spitze. Aufwertung der Familie, Sorge um familienfeindliches Denken in der heutigen Gesellschaft. Davon wollte er in jener Generalaudienz sprechen, vor deren Beginn die Schüsse des Attentäters fielen.

Keine Angst

«Wetten, dass...» Die Heiligsprechung auf dem Petersplatz, am 4. Oktober 1981, ging zu Ende. Die Journalisten im vatikanischen Pressesaal taten etwas nicht sehr Heiliges: Sie wetteten, ob der Papst bei diesem ersten öffentlichen Auftreten auf dem Platz, auf dem er fünf Monate zuvor beinahe tödlich verwundet worden war, wieder wie gewohnt vom Altar herabsteigt, um die in der ersten Reihe sitzenden Kranken und Behinderten zu begrüssen und ihnen Trost zuzusprechen. Es blieb eine recht einseitige Wette. Jeder wusste zwar, dass die vatikanischen Sicherheitsbeamten ihrem obersten Chef dringend nahegelegt hatten, den Altarraum auf der Freitreppe des Petersdoms nicht zu verlassen. Doch kaum einer war überzeugt, der Papst werde sich an dieses Verbot halten. Johannes Paul II. kümmerte sich nicht um derlei berechtigte Ängste. Mit festem Schritt ging er hinunter, suchte den direkten menschlichen Kontakt mit den einfachen Menschen, wurde wieder «einer von ihnen». Die Begegnung mit den Kranken war womöglich noch inniger, hatte er doch monatelang ihr Leid körperlich und geistig geteilt. Der Zeremoniar versuchte immer wieder, ihn aus der «Gefahrenzone» zu ziehen. Es gelang ihm nicht.

Drei Tage später die erste Generalaudienz nach dem Attentat, das ja zu Beginn einer Generalaudienz auf dem Petersplatz erfolgt war. «Jetzt geht der Papst unmerklich auf Distanz», war in Zeitungen zu lesen. Dem war und ist aber nicht so. Nicht der Papst geht auf Distanz. Die für seine Sicherheit Verantwortlichen versuchten, ihn auf Distanz zu bringen. Doch das gaben sie bald wieder auf. Die Sicherheitsregeln wurden verschärft, vor allem auf den Papstreisen (welcher Polizeichef will sich schon dem Vorwurf aussetzen,

53

nicht alles Menschenmögliche getan zu haben?). Sie können aber nicht den übernatürlichen Drang des zum Stellvertreter Christi erhobenen Menschen Karol Wojtyla bremsen. Er hat keine Angst. Ja aber, mutmassen die zahllosen Ängstlichen – voran jene, die aus eigener Angst die Ängste der anderen schüren (und dabei gut verdienen) – er muss doch «heimliche Ängste» haben. Namentlich die Illustrierten-Presse bemüht dafür Fotos und Psychologen. Fabuliert von Schreckhaftigkeit und Schlaflosigkeit. Als Syndrom derer, die ein Attentat erlitten haben.

An Schlaflosigkeit leidet Karol Wojtyla gewiss nicht. (Er hat auch die Gabe, gelegentlich mit offenen Augen zu schlafen.) Wohl aber wird er nach dem Attentat eher müde, schleppt sich bisweilen dahin. Nimmt sich weniger Zeit zu sportlicher Betätigung und ist dennoch schlanker geworden. Darauf angesprochen, antwortete er einem Kardinal schlagfertig mit altgewohntem Humor: «Man hat mir ja auch einiges weggeschnitten.»

Er hat ein Tages- und Arbeitsprogramm, wie es wenige Menschen durchhalten können. Aufstehen um 5.30 Uhr. Lange Meditation in der Privatkapelle. Um 7.00 Uhr heilige Messe, immer mit «Volk», wie man früher sagte: Besucher aus aller Welt, bunt gemischt, ganz einfache Menschen und Bischöfe, Ordensleute und gekrönte Häupter, jung und alt, Männer wie Frauen. Zum Frühstück um 8.00 Uhr lädt er meist einige der Teilnehmer der Eucharistiefeier ein. Nach einer kurzen Planungsabsprache mit seinen engsten Mitarbeitern zieht er sich in sein Arbeitszimmer oder auch wieder in die Kapelle zurück zu schöpferischer Arbeit. Um 11.00 Uhr beginnen die Audienzen: zunächst Einzelgespräche mit Bischöfen aus aller Welt (die immer wieder staunen, wie gut der Papst über ihre Probleme informiert ist), mit Vertretern des öffentlichen Lebens, der Politik, Kunst, Wissenschaft (die, wenn auch mit verschiedenen Worten und Nuancen, sich durchwegs tief beeindruckt von einer solchen Begegnung bekennen); dann die Gruppenaudienzen, für die Teilnehmer der Jahresversammlungen der verschiedenen Behörden der Römischen Kurie, der in Rom stattfindenden Kongresse, gelegentlich auch (ausserhalb der Mittwochs-Generalaudienz) für Pilgergruppen aus aller Welt. Das Mittagessen, so gegen 14.00 Uhr, ist gewöhnlich auch «Arbeitsessen». Die Bischöfe, die zur Berichterstattung in Rom sind, werden immer geladen; andere Besucher gelegentlich, wenn der Papst die in der Audienz besprochenen Themen vertiefen will. (Die polnischen Ordensschwestern, die den Haushalt führen, haben sich längst an kurzfristig «angesagte» Gäste gewöhnt.) Entgegen der römischen Gepflogenheit einer ausgedehnten Siesta ruht sich der Pole im Vatikan nur eine halbe Stunde aus, spaziert dann etwa eine Stunde auf der Terrasse des Apostolischen Palastes, betet dabei das priesterliche Stundengebet (Brevier), meditiert und lernt Sprachen. Danach ist er wieder in seinem Arbeitszimmer. Um 18.30 Uhr beginnen die sogenannten «Tabellaraudienzen», die regelmässigen Gespräche mit den führenden Persönlichkeiten der Römischen Kurie. Nach der «Tabelle» kommen Kardinal-Staatssekretär Agostino Casaroli und der Sekretär des Rates für die Öffentlichen Angelegenheiten der Kirche, der vatikanische «Aussenminister», Erzbischof Achille Silvestrini, zweimal wöchentlich. Die Präfekten der Kongregation für die Glaubenslehre, Kardinal Joseph Ratzinger, und für die Bischöfe, Kardinal Sebastiano Baggio, sind einmal wöchentlich an der Reihe. Die übrigen päpstlichen «Minister» oder Amtschefs werden gebeten (oder melden sich an), wenn päpstliche Entscheidungen in ihrem Bereich anstehen.

«Arbeitsessen» ist gewöhnlich auch das Abendbrot um 20.00 Uhr. Der Dienstagabend beispeilsweise ist für den Pfarrer und die Kapläne jener römischen Pfarrei vorgesehen, die der Papst am darauffolgenden Sonntag besucht. Bei Tisch wird alles besprochen, so dass der Bischof von Rom genau im Bild

Er geht auf jeden Menschen zu und die Menschen strecken ihm ihre Hände entgegen. Er ist die Hoffnung der Kirche und die Hoffnung der Welt. Er hat keine Angst.

ist und bei seiner Pastoralvisite auf die je spezifischen Probleme eingehen kann.

Damit ist ein wesentlicher und aufreibender Punkt seines Arbeitsrhythmus angesprochen: er kennt kein freies Wochenende. Auch Samstag und Sonntag sind dichtgefüllt, meist mit Besuchen in Pfarreien, kirchlichen Institutionen, Seminare, Hochschulen, Nationalstiftungen, bei Jugendgruppen, Drogenabhängigen. Der Fernsehapparat übrigens läuft in der päpstlichen Wohnung nur ganz selten, und dann nur während des Abendessens, wenn im «Telegiornale» wichtige Nachrichten zu erwarten sind.

Die Zeit nach dem Abendtisch ist dem Studium der Akten gewidmet, die vom Staatssekretariat und den einzelnen Ressorts der zentralen römischen Kirchenverwaltung auf den «sacro tavolo», wie es im Kurialjargon scherzhaft heisst, gelegt wurden. Auf dem «heiligen Tisch» wird alles sorgfältig geprüft, korrigiert, ergänzt, abgezeichnet oder auch nicht. Das Tagesprogramm schliesst gegen 22.45 Uhr mit einem stillen Gebet und der mit den Mitgliedern des päpstlichen Haushalts gebeteten Komplet, dem liturgischen Abendgebet. Soweit der normale Tagesablauf. Er wird oft unterbrochen. Und nicht nur durch die Reisen, die natürlich das Anstrengendste sind.

Seine 33. Reise innerhalb Italiens, Wochenende in Sizilien: In 36 Stunden 990 Kilometer im Flugzeug, Hubschrauber, Auto. Zwei heilige Messen, ein Dutzend Begegnungen mit den verschiedensten Gruppen, dreizehn Ansprachen.

Die bisher längste europäische Pastoralvisite, Anfang November 1982 in Spanien: Am Vormittag des ersten Tages eine Heiligsprechung im Petersdom, Gebet des «Angelus» mit der Menschenmenge auf dem Petersplatz, schnelles Mittagessen, ab zum Flughafen. Nach den Begrüssungszeremonien in Madrid noch am selben Abend ein eingehendes Gespräch mit den spanischen Bischöfen, ab 22.00 Uhr Gebetswache vor dem Gnadenbild Unserer Lieben Frau von Guadalupe. In neuneinhalb Tagen Besuche in sechzehn Städten, verstreut auf der ganzen Iberischen Halbinsel. Rund 7500 km in Hubschrauber und Auto, 49 Reden im Stehen (und die Ansprachen dieses Papstes sind bekanntlich lang, intensiv, von einer beeindruckenden Fülle), elf feierliche Messen, eine Seligsprechung, die Überreichung des Missionskreuzes an fünfzig Missionare, Priesterweihe, Tausende und Abertausende von Händen, die geschüttelt werden wollten bei Begegnungen mit Menschen aller Schichten und jeden Alters. Nur wenige Stunden Schlaf.

Es ist oft und oft darauf hingewiesen worden, seine offene und liebenswürdige Art, auf den Menschen, jeden Menschen zuzugehen, könne ihn in Gefahr bringen. Ich selbst habe schon nach seiner dritten Generalaudienz auf dem Petersplatz im April 1979 angeregt, die Rundfahrt im Jeep zeitlich und örtlich zu begrenzen. Karol Wojtyla tat diesen und die vielen anderen Hinweise auf mögliche Gefahren für sein Leben mit den Worten ab: «Das steht auch auf der Rechnung, die ich zu begleichen habe!»

Nur nicht allein

Rom, 3. Mai 1981

Allein einen so anspruchsvollen Weg zu gehen, ist nicht möglich. Auch der Papst sucht menschlichen Rückhalt. Er findet ihn bei Gesinnungsvereinigungen, deren er sicher zu sein glaubt. Beim Opus Dei vor allem. Bei den Focolarini. Bei Comunione e Liberazione. Mit Mitgliedern dieser Säku-

Jugendgruppen vor allem feiern den Papst mit seinem Wahlspruch «Totus Tuus». Während er damit sein grenzenloses Vertrauen auf die Gottesmutter in sein Wappen geschrieben hat, schreit die Jugend mit diesem «Ganz Dein» ihr hoffnungsvolles Vertrauen auf diesen Papst hinaus. Das veranlasste ihn einmal zu der Bemerkung: «Hoffentlich sind diese zwei Worte nicht euer ganzes Latein!»

larinstitute und anderen Apostolats- und Sozialbewegungen trifft er regelmässig zusammen: im Vatikan, in Castel Gandolfo, an ihren jeweiligen Wirkungsorten. Oder auch, Beispiel für viele, im römischen Sportpalast, am 3. Mai 1981, mit den Focolarini. Das Wort «focolare» bedeutet «heimischer Herd». Die Bewegung der Focolarini ist während des Zweiten Weltkrieges entstanden, gegründet von der Trientinerin Chiara Lubich. Heute ist sie in mehr als hundert Ländern verbreitet.

«Familie und Liebe» war das Thema des spirituellen «Happenings», das die Focolarini diesmal in Rom veranstaltet haben. Zielsetzung ihrer Bewegung ist, zur Formung echt christlicher Familien beizutragen, die Erziehung und geistliche Formung der Kinder zu fördern, verlassenen oder Waisenkindern die Geborgenheit einer Familie zu bieten, Witwen und Alten, auch Ausgeflippten, zu helfen, Familien in Krisen beizustehen, Jugendliche auf die Ehe vorzubereiten.

Mehr als 20 000 Focolarini aus aller Welt nahmen an der Begegnung teil. Der Sportpalast war überfüllt. Das Programm: Gesänge, Tänze, Erfahrungsberichte, Gebet, mitreissende Rhythmen der Jugendband Gen-Verde und Gen-Rosso. Worte des Papstes, der ein paar Stunden dabei war.

Die Erfahrungsberichte («Zeugnisse») sehen etwa so aus: Ehepaare erzählen, wie sie Tag für Tag und oft mühsam zu ihrer Einheit gefunden wie sie die Verschiedenheiten der Herkunft, der Bildung, des Glaubens oder gar der Ideologie überwunden haben. Ein französisches Paar schildert die leidvolle Erfahrung mit drogensüchtigen Kindern. Ein niederländisches hat entdeckt, dass die in ihrer Heimat so sehr verdammte Enzyklika «Humanae vitae» Pauls VI. erheblich mehr bietet, als seinerzeit die Presse dargestellt hat: nicht ein rein negatives «Pillenverbot», sondern Hinwendung zu einer wirklich verantworteten Elternschaft. Ein belgisches Paar schildert Erfahrungen des Wirkens unter Moslems in Algerien. Ein Kamerun-Paar die Auseinandersetzungen mit dem Stammesclan, der sie, weil kinderlos, trennen wollte. Eine sehr reiche philippinische Familie ist eine Gütergemeinschaft mit einer armen Familie ihres Wohnviertels eingegangen. Die wirkliche Liebe, die tägliche Realität ehelicher Liebe, war denn auch das Thema der Ansprache des Papstes: *«Vom Tage euerer sakramentalen Eheschliessung an wirkt im gegenseitigen Verstehen als Ergänzung menschlicher Liebe die Liebe Gottes. Diese erfüllt die menschliche und gibt ihr eine neue Dimension, vertieft sie, macht sie aufrichtig und grossherzig, entwickelt sie zur Fülle, veredelt sie, vergeistigt sie, macht sie opfer- und verzichtbereit. Und schafft damit die Voraussetzung für Friede und Freude.»*

Gott ist die Liebe. Von dieser Grundüberzeugung her wollen die Focolarini einen Abglanz göttlicher Liebe am häuslichen Herd verwirklichen. Eine geistliche Ausrichtung, die der Papst als «offen, positiv, optimistisch, ausgeglichen und gewinnend» bezeichnete. Und lächelnd hinzufügte: «So habt ihr auch mich gewonnen.»

Gott ist die Liebe. Das ist die ständige Botschaft des Papstes. Zelle menschlicher Liebe ist die Familie, die vielerorts bedroht ist. Wenn der Abglanz göttlicher Liebe am häuslichen Herd verwirklicht wird, dann strahlt er auch aus in die Gemeinschaft.

III.
KOLLEGIAL

Konklave und Alltag

Vatikanstadt, 5. Oktober 1978

Albino Luciani, der nach 33 Tagen seines Pontifikates als Oberhirte der Gesamtkirche verstorbene Papst Johannes Paul I., hatte gleich nach seiner Wahl zu seinen Wählern gesagt: «Gott verzeihe Euch, was Ihr mir angetan habt!»
Jedem der 110 Kardinäle, die am 26. August um den eben gewählten vormaligen Patriarchen von Venedig in der Sixtinischen Kapelle versammelt sind, muss dieses Wort in den Ohren klingen.
Wenn sie nun wieder ins Konklave einziehen, dann sind die Kardinäle um diese lächelnd ausgesprochene Mahnung reicher. Sie haben keinen 33-Tage-Papst gewählt. Gott hat sie zur Einmütigkeit geführt. Keiner ahnte, dass sie ihre Einmütigkeit bereits nach sieben Wochen in die Tat umsetzen müssen. Das Wirken des Heiligen Geistes, von dem viele Kardinäle nach dem letzten Konklave öffentlich kündeten, braucht menschliches Zutun, nicht nur im Konklave – auch danach. Mit dem göttlichen Ratschluss allein ist es nicht getan.

Die Hand ist ausgestreckt:
da bin ich.
Was wollt ihr von mir?
Was kann ich für euch tun?
Wie bauen wir kollegial und im
Dialog eine bessere Welt auf?

Kardinaldekan Carlo Confalonieri deutete ihn so: «Alle Päpste leben in einer Art institutionalisierter Einsamkeit. Papst Luciani hat sie wohl am härtesten erfahren. Er hatte immer inmitten des Volkes gelebt. Im Vatikan fand er zwei ihm unbekannte Sekretäre vor und ein paar Schwestern, die in der Anwesenheit des Papstes nicht wagten, die Augen aufzuschlagen.»
Der 85jährige Kardinaldekan, der in so kurzer Zeit zweimal einen Papst beerdigt hat, spricht aus der Abgeklärtheit des Alters und aus jahrzehntelanger Erfahrung. Er kennt die Römische Kurie, war lange Präfekt der für die Bischöfe zuständigen Behörde der Zentralverwaltung der katholischen Kirche, war auch Sekretär eines Papstes: Pius XI. Er weiss, wovon er redet – und warum er davon redet.
Albino Luciani – insofern ist die Darstellung des Kardinaldekans zu ergänzen und zu erläutern – brachte aus Venedig einen Sekretär mit. Doch der hatte nicht die Zeit, in der ihm und seinem Bischof so fremden Welt des Vatikans Fuss zu fassen. Prälaten, Diplomaten, Journalisten haben ihn sogleich umschwärmt als den künftig möglicherweise Einflussreichsten – und ihn dann sofort fallengelassen. Er hatte Mühe (vom schreibenden langjährigen Beobachter der vatikanischen Szene zufällig beobachtet), Pilger aus der Heimat

61

des verstorbenen Papstes noch rechtzeitig vor der Schliessung in den Petersdom zu bringen.

«Auch hatte er nicht die Zeit, sich jemanden zum Freund zu machen», bekannte der Kardinaldekan mit Bezug auf Papst Johannes Paul I. Ein wesentliches Problem römisch-kurialer Wirklichkeit.

Albino Luciani hatte viele Freunde als Mensch, Priester, Bischof. Nach seiner Wahl zum Papst war er allein. Einem Verwaltungsapparat ausgesetzt, mit dem er noch nichts anzufangen wusste, auf die Hilfe seiner Wähler vertrauend, die sie ihm aber nicht in der notwendigen Weise geben konnten. Der Blick aus jenem Fenster im dritten Stock des Apostolischen Palastes ist faszinierend. Die Einsamkeit dahinter deprimierend.

Johannes Paul I. hat zum Telefon gegriffen. Lange Gespräche mit dem Bischof seiner Heimatdiözese Belluno, mit seinen Verwandten.

Der zu wählende Papst soll «nicht zu alt und nicht zu jung» sein, hatte ein Kardinal vor dem letzten Konklave wörtlich gesagt. Nicht wenige waren der gleichen Meinung. Wie relativ derlei Überlegungen sind, hat sich gezeigt.

Der zu wählende Papst darf nicht einsam sein! Die festgefahrenen Strukturen der Zentralverwaltung der katholischen Kirche erfordern dringend eine Veränderung durch die kollegiale Mitverantwortung aller Bischöfe. Diese ist vom Zweiten Vatikanischen Konzil beschlossen worden, aber noch längst nicht Wirklichkeit. Solange Bischöfe letztlich aus Scheu vor eigener Verantwortung ihre Last auf den fernen Papst übertragen, solange sie der römischen Zentralverwaltung der katholischen Weltkirche nicht ihre besten Kräfte geben, solange die klaren Bestimmungen zur Durchführung der Kurienreform Pauls VI. Papier bleiben, solange...

Nein, kein Vorwurf gegen das italienische Bodenpersonal! Es arbeitet, namentlich wenn es darauf ankommt, immer wieder gut. Aber es ist festgefahren.

Stichwort Kollegialität

Fulda, 17. November 1980

Die Kollegialität ist ein wichtiges, vielleicht das wichtigste Stichwort. Das letzte Konzil hat als Lehre der Kirche herausgestellt, dass der Papst als Nachfolger des Petrus zusammen mit den Bischöfen als den Nachfolgern der Apostel für die Leitung der Gesamtkirche verantwortlich ist.

Schon Paul VI. hatte zahlreiche Verantwortlichkeiten an die einzelnen Bischöfe als den Vorstehern der jeweiligen Ortskirchen abgegeben. Ganz im Sinne des Zweiten Vatikanischen Konzils hatte er die kollegiale Mitverantwortung aller Bischöfe auch dadurch bestärkt, dass er die Verantwortung der Bischofskonferenzen vermehrte.

Gar nicht so selten können Bischöfe, auch ganze Bischofskonferenzen, mit dieser ihnen neuen Verantwortung noch nicht das Richtige anfangen. Sie fragen, bitten den Papst auch dann um Entscheidungen, wenn sie selbst nach geltendem Kirchenrecht entscheiden könnten. Die Generalkonferenz der lateinamerikanischen Bischöfe beispielsweise hätte durchaus klare Worte sagen, konkrete Empfehlungen, Entscheidungen, Forderungen verkünden können – ohne Rücksprache mit dem Papst.

Paul VI. hat als konkreten und bleibenden Ausdruck der Kollegialität auch die Weltbischofssynode ins Leben gerufen, eine Delegiertenversammlung aller Bischöfe der katholischen Weltkirche, die alle drei Jahre in Rom zur Beratung wichtiger aktueller Themen und Probleme zusammentritt. Dieses neue Organ der zentralen Kirchenverwaltung will grössere Einheit und angemessene Zusammenarbeit zwischen dem Papst und den Bischöfen fördern.

Am Grab des heiligen Bonifatius, des Apostels der Deutschen, betete der Papst um ein Neuerwachen eines christlichen Europa. Am traditionellen Sitz der Deutschen Bischofskonferenz bezeichnete er als wichtigsten Dienst der Kirche in Deutschland, der zunehmenden Verweltlichung und religiösen Gleichgültigkeit ein kraftvolles Glaubenszeugnis entgegenzustellen.

Der 33-Tage-Papst Johannes Paul I. hatte unmittelbar nach seiner Wahl in seiner Rundfunkbotschaft an die Welt betont, er wolle die Kollegialität der Kardinäle und Bischöfe «in hohem Masse aufwerten» und sich «bei der Leitung der Weltkirche ihrer Mitarbeit sowohl durch die Synode wie auch durch die Strukturen der Römischen Kurie bedienen.» Johannes Paul II. versicherte heute, 17. 11. 80, der Vollversammlung der Deutschen Bischofskonferenz in Fulda: «Von der ersten Stunde meines Pontifikates an verstand ich das oberste Hirtenamt insbesondere als Dienst an der Kollegialität der Bischöfe, die vereint sind mit dem Nachfolger Petri ... Wenn wir schon zu recht jeden Menschen und in besonderer Weise jeden Christen mit «Bruder» anreden, so erhält dieses Wort für uns Bischöfe und unsere gegenseitigen Beziehungen doch eine ganz besondere Bedeutung: es knüpft gewissermassen unmittelbar an jene brüderliche Gemeinschaft an, die die Apostel um Christus einte.»

In einer umfangreichen Bilanz der ersten zwanzig Monate seines Pontifikates, die der Papst am 28. Juni 1980 vor allen seinen Mitarbeitern im Vatikan zog, bildete das Thema Kollegialität ebenfalls die Kernaussage. Wiederholt unterstrich er, die gewünschte Erneuerung und bessere Selbstverwirklichung der Kirche erfordere die Mitverantwortung aller Bischöfe im Rahmen des Primats. Bezeichnenderweise stand das Wort Primat in dieser bisher längsten Papstrede (eineinhalb Stunden) immer in Anführungszeichen: nach dem Zweiten Vatikanischen Konzil sei die Sendung des Petrusnachfolgers als «Primas» von einem «starken Rahmen der Kollegialität» umgeben; diesem «Grundprinzip» der Kirche müsse immer stärker und auf verschiedenste Weise entsprochen werden.

Papst Wojtyla hat selbst weitere Schritte im Sinne dieser Forderung getan. Er wertete das Kardinalskollegium, in den letzten Jahrhunderten praktisch nur noch für die Papstwahl zuständig, wieder zu einem echt beratenden Organ, einem Senat der Kirche, auf. Er bat die Purpurträger aus aller Welt Anfang November 79 in den Vatikan, um ihr offenes Urteil über seine Amtsführung im ersten Jahr seines Petrusdienstes zu erfahren und drängende aktuelle Probleme zu besprechen. Weitere Kardinalsversammlungen dieser Art sollen folgen. Er behielt die Einrichtung der Weltbischofssynode nicht nur bei und liess ihr grösstmöglichen Freiheitsraum, sondern verwirklichte auch die von Papst Paul VI. vorgesehene Möglichkeit, Partikularsynoden einzuberufen. Zwei Bischofsversammlungen dieser Art tagten bisher im Vatikan: die niederländische und die ukrainische. Beide Male ging es letztlich darum, drohende Spaltungen unter den einzelnen Bischöfen selbst zu verhüten und die Einheit mit Rom, mit dem Papst und seiner Kurie zu bewahren.

Ausdrucksformen der Kollegialität sind ferner die Begegnungen des Papstes mit den Bischofskonferenzen während seiner Reisen und mit den Bischöfen, die in Rom ihren «ad-limina-Besuch» abstatten. Jeder Oberhirte einer katholischen Ortskirche ist verpflichtet, im Fünf-Jahres-Rhythmus einen Besuch «ad limina», d.h. bei den Gräbern (der Apostelfürsten) in Rom zu machen und bei der Gelegenheit Papst und Römische Kurie über sein Tun und Lassen Rechenschaft abzulegen. Der Papst persönlich widmet diesen bischöflichen Besuchern viel Zeit, um ihre Sorgen und Probleme eingehend kennenzulernen.

Bei der Bilanz der ersten zwanzig Monate seiner Amtszeit würdigte er insbesondere auch, dass die deutschen Kardinäle und Bischöfe «die bisweilen bedrückende Realität der Kollegialität unter Beweis gestellt haben» – womit er ohne Namensnennung auf den Fall Küng anspielte.

Fulda: Kardinal Joseph Ratzinger, damals noch Erzbischof von München-Freising, jetzt Präfekt der Kongregation für die Glaubenslehre, hat mit den anderen deutschen Bischöfen «die bisweilen bedrückende Realität der Kollegialität unter Beweis gestellt.»

Apostolische Reisen

Die apostolischen Reisen als neue Form der Ausübung des universalen Hirtenamtes des Bischofs von Rom sind für Karol Wojtyla auch eine Form der Verwirklichung des Zweiten Vatikanums: «Das Konzil hat das Bewusstsein der missionarischen Sendung der Kirche neu geweckt; auch der Bischof von Rom ist somit durch das Konzil aufgerufen, hinaus zu den Menschen, zu den Völkern und Nationen zu gehen.» Die Lehren des Zweiten Vatikanischen Konzils bilden für den Papst auch bei der thematischen Vorbereitung seiner Reisen ein unerlässliches «Manuale» (Leitfaden). Die Reisen sind «nichts anderes als die Verwirklichung der Konzilslehre im Sinne ihrer Anwendung auf das konkrete Leben. Die Konzilslehre ist ja nicht eine reine Sammlung abstrakter Konzepte und Formeln zum Thema Kirche, vielmehr eine tiefgreifende und umfassende Lehre über das Leben der Kirche. Und das Leben der Kirche ist Sendung, in der sich mittels der Geschichte jedes Menschen und gleichzeitig der Geschichte der Nationen und Generationen das ewige Geheimnis der in Christus geoffenbarten Liebe Gottes entwickelt und verwirklicht.»

Vor jeder Papstreise studiert Karol Wojtyla die Realität des Landes, das er besuchen will. Stundenlange Gespräche mit den berufenen Vertretern der jeweiligen Bischofskonferenz zunächst. Eifriges Aktenstudium der Berichte seiner diplomatischen Vertreter, der Nuntien oder Delegaten. Und schliesslich beschafft er sich Informationen auf Wegen und Kanälen, die den gelegentlichen Vorwurf hinfällig machen, der Papst zeichne sich sein Bild von der zu besuchenden Ortskirche nur aus der möglicherweise einseitigen Sicht kirchlicher Hierarchen.

Das letzte Dankeswort gesprochen, die letzte Hand gedrückt, nochmals den Segen gegeben – dann müht er sich mit letzter Kraft die Gangway hinauf. Apostolische Reisen sind kein Vergnügen.

«Ich habe viel gelernt»

Lernfähigkeit ist Grundbedingung echter Kollegialität. Doch am Ende steht immer Autorität. Jedes menschliche Bemühen um bessere Erkenntnis mündet schliesslich in den Entscheidungswillen, auf jeder Ebene menschlicher Vergesellschaftung, angefangen bei der Keimzelle, der Familie, bis zur Völkergemeinschaft, mit allen Zwischenstufen der Debatten, der Studien, der Zusammenstösse, der Abstimmungen und – leider oft genug – der kriegerischen Auseinandersetzungen. Am Ende steht immer eine Autorität, die der Verwirrung menschlichen Suchens, Sich-Verstrickens im Bösen wieder den Höheren Weg aufzeigt, und das ist der eigentlich menschliche.

Auch in der Kirche, ihrer Struktur nach undemokratisch, wird heute viel diskutiert – und viel zerredet, wie in den demokratischen Gesellschaften. Nur gibt es da einen wesentlichen Unterschied: die Verfassung, das Grundgesetz der Staaten kann durch entsprechenden Mehrheitsbeschluss geändert werden, das Grundgesetz der Kirche, der Kirchen, nicht. Evangelium bleibt Evangelium.

Die Aussagen sind einfach und klar. Natürlich in eine bestimmte Zeit und gesellschaftliche Situation hineingesprochen. Dennoch so eingängig, dass die menschliche Entwicklung der göttlichen Offenbarung nichts absprechen kann.

Viele im Herzen gläubige Menschen rebellieren gegen die menschlichen Strukturen, die das gottgegebene Muster der Gemeinschaft des Gottesvolkes ausmachen. Sie sind so sehr erdverbunden, dass ihnen jede über ihr eigenes Ich hinausgehende Bezogenheit fehlt. Oder deutlicher: Sie sind so egoistisch, dass sie den Keim übernatürlicher Bezogenheit mit jeder erdenklichen Vordergründigkeit zu erdrücken suchen.

Beliebtes Argument der Rechtfertigung jener angeblichen Christen: Die Kirche bleibt hinter der gesellschaftlichen Entwicklung zurück, sie ist konservativ. Wir dagegen sind progressiv. Hinter derlei abgegriffenen Begriffen verschanzt sich die Unfähigkeit, zuzuhören und selbst etwas zu lernen.

«Ich habe viel von euch gelernt», bekannte der Papst beim Abschied von Afrika, nach einer zehntägigen Reise durch sechs Länder des schwarzen Kontinents. Wenige Grössen der Welt wagen es, mit solcher Ehrlichkeit zu sagen, sie hätten viel dazugelernt.

Gewiss, Karol Wojtyla kommt wie jeder Mensch aus einem eigenen menschlichen, philosophischen, religiösen, nationalen und kulturellen Raum, den er auch nie verleugnet. Sein philosophisches Denkgerüst ist deutschen Ursprungs. Max Scheler (1874–1928) hat auf ihn nachhaltigen Einfluss ausgeübt. Dieser bedeutende deutsche Philosoph und Soziologe bekämpfte die formale Ethik des ebenfalls deutschen Philosophen Immanuel Kant und seinen Imperativ: Handle so, dass dein Handeln als Prinzip einer allgemeinen Gesetzgebung gelten könnte. Er setzte einer rein materiellen Wertethik eine Wertung aus übernatürlicher Sicht entgegen, eine religiöse Erneuerung, wandelte seine philosophischen Gedankengänge gegen Ende seines Lebens immer mehr diesseitsbezogen, sah durch wirtschaftliche Faktoren die Möglichkeiten der Verwirklichung moralischer, religiöser, intellektueller Werte und Interessen blockiert. Er wandte sich vom Katholizismus ab, weil die Kirche – er betonte: in den (damals) gegebenen historischen Gesamtbedingungen – ihm nicht die ersehnte Freiheit vermitteln konnte.

«Die Möglichkeit, eine katholische Ethik in Anlehnung an das System Max Schelers zu schaffen», ist der Titel der tiefgreifenden Untersuchung, mit der sich der damals 33jährige Karol Wojtyla das Recht erwarb, an Universitäten und Hochschulen zu lehren. Doch der Philosoph Wojtyla hat sich von reiner Theorie sehr bald dem Konkreten zugewandt, dem Menschen. Philosophische Ethik, die christlicher Morallehre vorausgeht, beginnt für ihn mit der praktischen sittlichen Erfahrung, nicht mit dem theoretischen sittlichen Sollen. Seine Philosophie ist dem Menschen zugewandt und geht vom Menschen aus. In seinen Vorlesungen als Professor in Lublin und in seinen Schriften als Erzbischof von Krakau hat er die Klassiker der Ethik, Thomas von Aquin und Max Scheler, korrigiert, hat versucht, eine Brücke zu schlagen zwischen dem von der Kirche Heiliggesprochenen und dem von der Kirche Sich-Abgewandten. Er sagte nicht: *entweder/oder,* sondern *und,* das will sagen: das eine und das andere lässt sich verbinden. Für Karol Wojtyla ist Erfahrung immer personenbezogen: «Ist es nicht so, dass wir im Erfahren des sittlich Guten und Bösen uns selbst als gut und böse erfahren?» Deswegen: «Lasst uns nicht mit der Theorie der Erfahrung, lasst uns mit der Erfahrung selbst beginnen.» Sein früherer Assistent und heutiger Nachfolger auf dem Lehrstuhl für Ethik an der Katholischen Universität Lublin, Tadeusz Styczeń, formulierte: «So sollte man Wojtyla verstehen und lesen: den Offenbarer der Person in der Tat. Wenn du mich fragst, wer du seist, so antworte ich dir: du siehst es doch selbst, du solltest diese bestimmte Tat vollbringen. Du solltest es tun, obwohl du es nicht musst. Du kannst die Tat auch nicht vollbringen. Du kannst das, was du vollbringen solltest, unterlassen. Du kannst es jedoch vollbringen. Von dir allein und ausschliesslich von dir hängt es ab, ob du es vollbringst oder ob du es nicht vollbringst. Von dir hängt es ab, ob du es möchtest oder nicht möchtest, ob du Lust haben wirst, handeln zu wollen oder nicht handeln zu wollen. Von dir hängt es ab, ob du, indem du die Tat vollbringst, die du vollbringen sollst, dich selbst vollbringst oder aber die Chance der Selbstvollbringung verlierst, verwirfst.» (Vgl. Karol Wojtyla, Erziehung zur Liebe, Seewald-Verlag, 1979). Styczeń bezeichnete Wojtyla als «Philosoph der Freiheit im Dienst der Liebe». Das trifft den Kern. Die Liebe zum Men-

Bundespräsident Carstens und der Papst schauen in die gleiche Richtung. Der Philosoph Karol Wojtyla ist von der Auseinandersetzung mit deutscher Denkweise geprägt. Der Papst Wojtyla versucht, ihr noch mehr Weltverantwortung zu vermitteln.

schen, zum konkreten und einfachen Menschen, hat schon seine Philosophie geprägt. Deutlicher gesagt: seine Philosophie war von konkreter Erfahrung als einfacher Steinbrucharbeiter überlagert. Sie führte ihn notwendigerweise vom Weg reiner Theorie zur Praxis. Schon als Professor für Ethik lebte er in Lublin vor, was er lehrte: die personale Würde des Menschen, jedes Menschen, ist Quelle philosophischer Überlegungen, nicht umgekehrt.

Als Theologe, der die menschliche (philosophische) Erkenntnis aus dem Glauben an das Übernatürliche erläutert, brachte er den Menschen, das Ebenbild Gottes, noch mehr in den Mittelpunkt seines Denkens. Den Menschen mit all seinen konkreten Nöten, Bedürfnissen, Kleingläubigkeiten.

Seine erste Enzyklika, eine Art Regierungserklärung eines neugewählten Papstes, trägt folgerichtig den Titel: «Redemptor hominis» – «Der Erlöser des Menschen ist Jesus Christus». In ihm findet der Mensch die Antwort auf all seine Fragen, die Hinwendung des Menschen auf seine Übernatur; im zweiten Weltrundschreiben «Dives in misericordia» die Hinwendung Gottes in seiner unendlichen Barmherzigkeit an den Menschen.

Trotz, nein: wegen dieser vollkommenen Gott-Bezogenheit hat Karol Wojtyla nie den Kontakt mit der Welt der Wissenschaft verloren. Für ihn gibt es absolut keinen Gegensatz zwischen wissenschaftlicher und gläubiger Denkweise. Er ist überzeugt, dass diese vermeintlich gegensätzlichen «Forschungen» eines Tages zusammenlaufen.

Das Gespräch mit deutschen Wissenschaftlern im Kölner Dom, mit Künstlern und Publizisten im Herkulessaal der Münchner Residenz zeugen davon. Seine Rede vor der UNESCO in Paris ist eine Magna Charta des Dialogs zwischen Kirche und Wissenschaft, ein Hohes Lied der kulturschöpferischen Kraft des Glaubens.

Den kritischen Äusserungen, er gehe die Dinge aus seinem «integralistischen polnischen Kirchenverständnis» an, hielt er in den ersten Monaten seiner Amtszeit entgegen: die Kardinäle haben mich gewählt, weil ich so bin, wie ich bin.

Im Wesen ändert er sich auch nicht, das wäre unehrlich. Aber er lernt viel dazu – gerade auf seinen Reisen. Er sieht die Wirklichkeit des Menschen in den verschiedenen Kulturen und versucht, ihr gerecht zu werden. Sein Blick hat sich in den wenigen Jahren seiner Amtszeit ausserordentlich geweitet. Sein besonderes Interesse gilt den überlieferten Werten des jeweiligen Gastlandes. Das waren in den afrikanischen Ländern: Zusammenhalt der Familien, soziale Verantwortung füreinander, Gastfreundschaft, Kinderfreundlichkeit. Der Papst: «Afrika ist ein Reservoir geistlicher Werte für die Welt.»

Sein «Ja» zur Inkulturation der Kirche, zu ihren eigenständigen christlichen Lebensgemeinschaften, zu ihrer eigenen Liturgie wurde von Tag zu Tag deutlicher, wobei es für ihn selbstverständlich ist, dass diese jungen Kirchen des Schwarzen Kontinents, die nicht mehr «Missionskirchen» sind, bei aller Eigenständigkeit ihren Weg nur in fester Einbindung in die Weltkirche gehen können.

Entgegen oberflächlicher Behauptung mancher Kritiker ist Karol Wojtyla vorsichtig in seinem Urteil. «In Frankreich standen viele Priester und Gläubige dem Papstbesuch sehr reserviert gegenüber, denn hier herrscht eine völlig andere Auffassung von Struktur und Aufgabe der Kirche als beim Papst, der sich auf einer anderen Wellenlänge befindet.» So der 85jährige französische Theologe Marie-Dominique Chenu, der sich über den «Erfolg» dieses Besuches geradezu begeistert äusserte.

Den Bischöfen Lateinamerikas hat Johannes Paul II. auf ihrer III. Generalkonferenz im mexikanischen Puebla in seiner einstündigen Rede nur das wiederholt, was sie selbst kollegial beschlossen hatten – im Konzil und auf den römischen Bischofssynoden sowie auf ihren früheren Generalkonferenzen.

Im Kölner Dom, einer Spitzenleistung des Zusammenwirkens von Glaube und Kunst, bekundete der Papst erneut seine Dialogbereitschaft mit der Welt der Wissenschaft und seine Überzeugung, dass vermeintlich gegensätzliches Forschen, das der Wissenschaft und das des Glaubens, eines Tages zusammenlaufen.

Selbstbewusster «Politiker»

Vereinte Nationen / New York
2. Oktober 1979

Vor vierzehn Jahren trat erstmals ein Papst vor die Vereinten Nationen. Fast unsicher leitete Paul VI. seine Erklärung ein: «Wir haben tatsächlich nichts zu verlangen, höchstens eine Erlaubnis zu erbitten, nämlich Ihnen im Rahmen unserer Zuständigkeit dienen zu können.» Selbstsicher schloss er dann seinen Ruf nach Frieden vor den in der Mehrzahl nichtchristlichen Vertretern der UNO mit dem Hinweis auf den unbekannten Gott, von dem Paulus in seiner Areopag-Rede in Athen gesprochen hatte: «Für uns jedenfalls ist es der lebendige Gott, der Vater aller Menschen!»
Selbstbewusst leitete Nachfolger Wojtyla seine Rede vor der UNO mit einer Feststellung über die Souveränität des Heiligen Stuhls und die «Zusammenarbeit mit der UNO» ein, endete jedoch mit einem Wunsch, der nur als Hoffnung wider die Hoffnung gewertet werden kann, wenn man die guten Absichten der in der UNO vertretenen Staaten an den Menschenrechtsverletzungen der letzten Jahre misst. «Möge die Organisation der Vereinten Nationen», so lautet der Wunsch, «immer der massgebende Ort für die Freiheit der Völker und der Menschen in ihrer Sehnsucht nach einer besseren Zukunft bleiben.»
Johannes Paul II. hat den Repräsentanten der UNO keine Worte des ewigen Lebens verkündet: sein pastorales Anliegen schien zurückgetreten zu sein. Hier sprach das souveräne Oberhaupt einer weltweiten religiösen Gemeinschaft vor einer weltweiten politischen Organisation. Also eine politische Rede?

In der Tat: Der Wunsch nach «einer gerechten Lösung der Palästinenser-Frage», nach «Unabhängigkeit und territorialer Integrität des Libanon» und einem «besonderen Status» unter internationalen Garantien für Jerusalem – das sind politische Forderungen. Politisch ist auch die Warnung vor dem weltweiten Wettrüsten und die Analyse der Spannungen, die den Frieden gefährden.

Als Johannes Paul II. von der «ungerechten Verteilung der materiellen Güter auf Weltebene» und der «Ausbeutung der Arbeitskraft» sprach, fand er unter den Repräsentanten der Dritten Welt aufmerksame Zuhörer. Als er auf Ungerechtigkeit im geistigen Bereich einging und die Verletzung des Rechtes auf freie Meinungsäusserung, Religions- und Gewissensfreiheit kritisierte, waren seine eigenen Erfahrungen als Bürger der Zweiten Welt nicht zu überhören. Und als er vor «einer neuen Form des Kolonialismus» durch ökonomische und politische Abhängigkeit warnte und die Überwindung des Grabens «zwischen einer exzessiv reichen Minderheit und der grossen Menge der Armen» davon abhängig machte, dass die Kontraste von materiellen wie geistigen Gütern «systematisch und mit wirklich durchgreifenden Mitteln verringert werden», war auch die Alte Welt eingeladen, zuzuhören.

Als er von Auschwitz sprach, als dem Mahnmal der Verachtung des Menschen und seiner Grundrechte, wurde seine Stimme leise und eindringlich. Die daran angeknüpfte Mahnung, jegliche Art von KZ überall auf der Welt zu beseitigen, löste da und dort ein Räuspern oder Husten aus. Als er beklagte, dass mancherorts die gläubigen Menschen als Bürger zweiter oder dritter Klasse behandelt werden, flüsterten die polnischen Delegierten miteinander. Als er von einer respektvolleren Auseinandersetzung zwischen religiöser und atheistischer Weltanschauung sprach, nickten die Israelis bekräftigend. Als er von den Mechanismen einer allgemeinen Zerstörung infolge des Wettrüstens warnte, wurde seine

Rede ebenso eindringlich wie an der Stelle, an der er den materiellen Werten die unabdingbare Aufwertung der geistigen Wertsphäre entgegenhielt.

Politisch war diese Rede, weil sie «letztlich vom Menschen» her kam, «durch den Menschen» geschah und «für den Menschen» bestimmt war. Und so hat Johannes Paul II. selbst «jegliche politische Aktivität» definiert. Er hat mit seiner Rede daran erinnert, dass Christsein sich nicht in einem luftleeren Raum vollzieht, sondern sich in der Geschichte der politischen Welt abspielt; in einer Welt latenter Kriegsgefahr, materieller und geistiger Ungerechtigkeit, Unterdrückung und Verelendung.

In seiner Rede gegen die Unmenschlichkeit hat der Papst aber auch daran erinnert, dass die Zielsetzung der Vereinten Nationen von einer Zerstörung bedroht ist, sofern «man zu unrecht als politisch ausgibt, was ... oft nur einen Machtwillen bedeutet, dem die Interessen anderer gleichgültig sind ...»

Dieses Bekenntnis zu einer Politik, die allen Menschen dient, ist gleichzeitig eine Absage an die Machtpolitik. Politik ist in den Augen des Papstes dann ein schmutziges Geschäft, wenn sie einige wenige für ihre Interessen missbrauchen; im weiteren Sinne jedoch, als Dienst an allen Menschen, fordert sie den Christen in seiner Verantwortung gegenüber der Welt heraus. Der Papst hat diese Herausforderung vor der UNO angenommen.

«Peace will come» (Der Friede wird kommen), versicherte am Nachmittag der Vertreter der palästinensischen Befreiungsorganisation (PLO) dem Papst. Er ist für dessen Forderung nach gerechter Lösung des Problems seiner Volksgruppe sichtlich ebenso dankbar wie der Repräsentant der Arabischen Liga. Freundlich und ein paar Takte länger als bei solchem diplomatischen Händeschütteln üblich war das Gespräch des Papstes mit dem israelischen Missionschef. Offenbar ist die so viel geschmähte UNO doch eine zukunftsweisende Begegnungsstätte. «Grüss Gott», sagte der Papst mehrmals, als ihm fast eine Stunde lang eine buntgemischte Schar vorgestellt wurde. «Beste Wünsche» gab er dem UN-Botschafter der Bundesrepublik Deutschland auf den Weg. «Schön, schön», bemerkte er zu einem Geflüster des Botschafters der DDR.

Regierungschefs und Aussenminister dankten ihm in allen Sprachen für seine so klaren, so zukunftsweisenden, so eingehenden Worte vor der Vollversammlung. Afrikanische und lateinamerikanische Delegierte luden ihn zum Besuch ihres Landes ein. Manch einer bat verstohlen um einen Segen für einen kranken Angehörigen oder einen Andachtsgegenstand. Dem Photographen, der all diese Begegnungen mit dem Papst festhalten musste, brannten die Augen. Vollzogen hat sich das Ganze, auf den Erinnerungsfotos nicht sichtbar, vor einem riesigen Bild der grossen chinesischen Mauer.

Sein Abschiedswort nach dem, wie er sagte, «viel zu kurzen Besuch»: Hoffnung auf Stärkung der moralischen Verantwortung aller. «Eine bessere Welt in Frieden, Gerechtigkeit und Liebe zu schaffen, ist möglich. Gott segne die Vereinten Nationen.»

Auch dieser Papst kann keine Patentlösungen für die vielfältigen Probleme dieser Welt anbieten.
«Der Heilige Stuhl», sagte er zu afrikanischen Bischöfen, «nimmt euch die Verantwortung nicht ab. Im Gegenteil: er bestärkt eure Eigenverantwortung. Er wird euch helfen, die Lösungen zu finden, die eurer Bestimmung entsprechen.»

Gelegentlich spricht der Papst von der Notwendigkeit langen Nachdenkens, immer unterstreicht er das notwendige Miteinander von Bischöfen und Papst im Aufbau des Gottesreiches.

Vollkommener Einsatz

Vollkommener Einsatz ist die Antwort Karol Wojtylas auf die vielfältigen Nöte dieser Zeit und Welt. Antwort auf Hass und Krieg, Egoismus und Lieblosigkeit, Müdigkeit und Resignation.

Mit seelsorgerlicher Direktheit, ungebrochenem Verhältnis zur Tradition, kraftvollem Führungsstil gibt er zahllosen Menschen in dieser unruhigen und angstvollen Zeit neue Sicherheit.

Seine Reisen wollen das Leben und Wirken der einzelnen Ortskirchen in den grösseren weltweiten Zusammenhang der katholischen Weltkirche hineinstellen. Sie sind Suche nach neuen Wegen zur Einheit aller Christen. Sie wollen der Annäherung zwischen Christen und Gläubigen anderer Religionen sowie allen Menschen guten Willens dienen. Sie sind ein hervorragendes Mittel, die vom Konzil angestossene kirchliche Erneuerung zu verwirklichen.

Wie lange will der Papst dies eigentlich noch durchhalten? Diese Frage haben sich schon viele gestellt, vor allem die Katholiken jener Länder, die Karol Wojtyla bisher besucht hat. Die mit eigenen Augen gesehen, gewissermassen auch am eigenen Leib verspürt haben, wie so eine Papstreise abläuft, mit welchen Strapazen sie verbunden ist. Vor allem aber: wieviel geistige Substanz sie hat.

Wichtiger als die Frage, wie lange der Papst selbst das durchhält, ist die Überlegung, ob und wie die einzelnen Ortskirchen der Dynamik dieses Karl Wojtyla gerecht werden, sie einholen.

«Für die Kirche in Italien», mahnte Johannes Paul II. beispielsweise die italienischen Bischöfe, «seid ihr verantwortlich, und ihr müsst euch dieser Verantwortung immer stärker bewusst werden. Unabhängig davon, ob der Papst italienischer Abstammung ist oder nicht (gewiss, er ist Bischof von Rom und Primas Italiens), muss die Bischofskonferenz in einer immer organischeren und selbstsichereren Weise ihre Eigenverantwortung in dem Einsatz aller Kräfte der kirchlichen Gemeinschaft des Landes übernehmen.»

Eigenverantwortung natürlich immer und ausschliesslich gemäss den Richtlinien des Zweiten Vatikanischen Konzils, an denen nichts zu deuten ist. Johannes Paul II. hat sich vor den französischen Bischöfen ganz klar gegen jeden sogenannten Progressismus wie auch gegen den Integralismus ausgesprochen. Die sogenannten Progressisten sind seiner Meinung nach «ständig ungeduldig» in der Anpassung des Glaubensinhalts, der christlichen Ethik, der Liturgie und der kirchlichen Strukturen an die Veränderungen der Mentalität. Sie tragen damit dem Empfinden der richtungslos gewordenen Gläubigen, dem Wesen des Glaubens, der Einheit und Universalität der Kirche nur ungenügend Rechnung. Die Integristen dagegen «verhärten sich», sperren sich selbst in einen bestimmten Zeitabschnitt der Kirche ein, setzen dessen theologische Formulierungen und dessen liturgische

Äusserung absolut, «ohne ausreichend in den tieferen Sinn dessen einzudringen, ohne die Gesamtheit der Geschichte und ihre legitime Entwicklung zu beachten, in Furcht vor neuen Fragen und ohne letztendlich gelten zu lassen, dass der Geist Gottes in der Kirche am Werk ist, mit ihren um den Nachfolger Petri vereinten Hirten.»

Verschleiss an Energien ist für Karol Wojtyla die innerkirchliche Auseinandersetzung zwischen extremen Tendenzen. «Ein Skandal, dass sie sich gegenseitig bis zu dem Punkt aufstacheln, dass sie eine Krankheit für alle werden und mit Verdächtigungen und gegenseitiger Kritik soviel Energien aufwenden, die für eine wahrhafte Erneuerung so nützlich wären.»

Wenn es dann irgendwo nicht weitergeht, schieben auch Bischöfe die Verantwortung gern auf den Papst, auf die Römische Kurie, mit dem Argument, ein «ordentliches» Kirchenregiment finde unter diesem Reisepapst kaum mehr statt. Akten stapelten sich unerledigt in den heiligen Hallen römischer Macht. Dazu Karol Wojtyla vor der Bischofskonferenz von Zaire: «Der Heilige Stuhl nimmt euch die Verantwortung nicht ab. Im Gegenteil: er bestärkt eure Eigenverantwortung. Er wird euch helfen, die Lösungen zu finden, die eurer Bestimmung entsprechen.»

Das sind mehr als schöne Worte. Auch dieser Papst hat keine Patentlösungen für die vielfältigen Fragen und Probleme dieser Welt. Weil er aber das Evangelium so überzeugt lebt, kann er auch überzeugend sagen, dass die christliche Botschaft an keine Kultur gebunden ist. «Ganz Christ und ganz Afrikaner sein. Denn das Reich, von dem das Evangelium kündet, wird von Menschen gelebt, die einer Kultur tief verbunden sind. Der Aufbau des Gottesreiches kann nicht von diesen menschlichen Elementen absehen.»

Ein menschliches Element Afrikas ist beispielsweise die Vielweiberei. Dazu der Papst: Das Ideal ist die christliche Einehe. Aber er verkennt nicht den sozialen Hintergrund, die Grossfamilie als eine Art Sozialversicherung. Deswegen sagt er nicht: Ihr müsst! Er spricht von der Notwendigkeit langen Nachdenkens und unterstreicht das Miteinander von Bischöfen und Papst auf der Suche nach Lösungen, bei aller Eigenverantwortung der Bischöfe vor Ort.

«Sein Schreibtisch in Rom ist nicht sein wichtigster Platz», widersprach Kardinal Höffner den Kritikern dieses «allzu mobilen» Papstes. Es ist auch eine Antwort auf jene Kritiker, die mehr «ordentliches» Kirchenregiment wollen, und auf jene anderen, die der Römischen Kurie eine gewisse Wirklichkeitsfremdheit in ihrem Urteilen und Handeln vorwerfen. Ein Verwaltungsapparat, wie es auch der vatikanische ist, öffnet sich nicht so leicht neuen Grenzen. Der totale Einsatz Karol Wojtylas zwingt ihn dazu. Der relativ kleine Mitarbeiterkreis des Papstes hat schon mit normaler Administration nicht wenig zu tun. Dieser Papst hält ihn derart auf Trab, dass in Prälatenkreisen das Wort «papstgeschädigt» auftauchte und auch gleich bei denen die Runde machte, die vor Ort mit der Organisation von Papstreisen zu tun haben. Nur vergessen jene vor Ort, dass sie nur einmal auf Hochtouren arbeiten – die römischen Mitarbeiter des Papstes dagegen ständig.

Slums wie im brasilianischen Recife gibt es überall auf der Welt, selbst in Europa. Der Papst kann nicht viel mehr tun, als durch seinen vollkommenen und selbstlosen Einsatz auch denen ein Zeichen der Hoffnung zu setzen, die mangels zwischenmenschlicher Solidarität hoffnungslos dahinsiechen.

Echter Ökumenismus

Rom, Pfingsten 1981

Echter Ökumenismus ist für Karol Wojtyla vorrangig. Wiederum in voller Treue zu den einschlägigen Lehren des letzten Konzils und im Sinne einer Ausweitung der von ihm erklärten kollegialen Mitverantwortung aller Bischöfe am Weltauftrag der Kirche.

Als Spross eines Landes mit fast ausschliesslich katholischer Bevölkerung brachte er wenig direkte Erfahrung im Umgang mit den Gläubigen anderer christlicher Konfessionen in seinen Dienst als Petrusnachfolger mit. Verständlicherweise suchten Kritiker diesem im Umgang mit allen Menschen so «unfehlbaren» Papst hier einen «Stolperstein» zu errichten. Seine ökumenische Grundeinstellung hat überzeugt. Ihr Hauptpunkt: Die Wiedervereinigung der Christen kann nicht durch theologische Kompromisse zustande kommen, sondern durch Rückbesinnung auf die geoffenbarten Glaubenswahrheiten und die bis zu den grossen Kirchenspaltungen gelebte Einheit.

Diese ökumenische Rückbesinnung erreichte auf seine Veranlassung an Pfingsten 1981 einen Höhepunkt. Vertreter aller katholischen Bischofskonferenzen der Welt, vieler orthodoxer und reformatorischer Kirchen besannen sich in Rom gemeinsam auf das Erbe der Konzilien von Konstantinopel (im Jahre 381) und Ephesus (431). Die Entscheidungen dieser beiden Kirchenversammlungen werden von allen christlichen Kirchen als verbindlich anerkannt.

Die Marienverehrung beispielsweise ist allen christlichen Kirchen seit dem Konzil von Ephesus gemeinsam. Im Lauf der Zeit christlicher Auseinandersetzung wurde auch sie zu einem Punkt des Gegeneinanders hochgespielt.

Für Karol Wojtyla ist die Verehrung der Gottesmutter kein Dogma, sondern eine Notwendigkeit. Ohne diese direkte Hinwendung zur Schwarzen Madonna von Tschenstochau gäbe es nicht diesen polnischen Papst, gäbe es nicht die Möglichkeiten, die er öffnet.

Am Vorabend des ökumenischen Besinnens über die gemeinsame Verantwortung ernannte er nach Jahrzehnten wieder einen mit Rom verbundenen Bischof in China. Startschuss zu einem neuen ökumenischen Wettrennen?

Mit Sicherheit nicht. Ein Volk mit jahrtausendealter Kultur gestattet keinen richtungslosen Einfluss, kein abendländisches Auseinanderklauben der christlichen Lehre. Ein Volk mit solch langer Tradition gestattet den christlichen Einfluss nur, weil er ihm schon vor Jahrhunderten geholfen hat und heute wieder hilft.

Der Paspt gibt einem schwarzen Bischof des anglikanischen Bekenntnisses den Bruderkuss.
«Für den Geist der Offenheit, der Brüderlichkeit und der Loyalität, der unter den Christen wächst, müssen wir Gott danken, der die Geister erleuchtet, die Herzen erwärmt, den Willen stärkt.»

Dialogfreudig

Paris, 1. Juni 1980

Im Stadion des Pariser «Parc-des-Princes» führte Johannes Paul II. am Abend des Dreifaltigkeitssonntags, 1. Juni 1980, ein dreistündiges Gespräch mit rund 45 000 jungen Leuten. Dabei beantwortete er Fragen, die ihm von den Jugendlichen gestellt worden waren.

Danke, danke, liebe Jugend Frankreichs! Danke, dass ihr zu dieser Gebetswache mit dem Papst gekommen seid! Danke für euer Vertrauen! Danke auch allen, die mir geschrieben haben! Die Begegnung mit der Jugend ist immer ein Höhepunkt meiner Pastoralbesuche. Danke für alles, was ihr für diesen Abend vorbereitet habt, fürs Auge und fürs Herz. Ihr bietet mir euer Zeugnis, bekennt euren Glauben. Ich werde euch etwas über euer junges Leben sagen und dabei von den Fragen ausgehen, die ihr mir gestellt habt. Und schliesslich werde ich mit euch zusammen den Glauben der Kirche bekennen. Ich danke euch für diese Begegnung, die ihr nach Art eines Dialogs veranstalten wolltet. Ihr wolltet mit dem Papst sprechen, und das ist aus zwei Gründen sehr wichtig.

Der erste ist, dass diese Art zu handeln uns direkt auf Christus verweist: in ihm entwickelt sich ständig ein Dialog mit dem Menschen und des Menschen mit Gott.

Christus ist – ihr habt es gehört – das Wort, das Wort Gottes. Er ist das ewige Wort. Dieses Wort Gottes als Mensch ist nicht das Wort eines «grossen Monologs», sondern es ist das Wort des «unaufhörlichen Dialogs», der sich im Heiligen Geist entfaltet. Ich weiss, dass das ein schwerverständlicher Satz ist, aber ich sage ihn trotzdem und überlasse ihn euch, damit ihr darüber nachdenkt. Haben wir nicht heute früh das Geheimnis der Heiligen Dreifaltigkeit gefeiert?

Der zweite Grund ist folgender: der Dialog entspricht meiner persönlichen Überzeugung, dass Diener des Wortes, des Wortes Gottes sein, bedeutet: verkündigen im Sinne von antworten. Um antworten zu können, muss man die Fragen kennen. Und deshalb ist es gut, dass ihr sie gestellt habt; sonst hätte ich sie erraten müssen, um mit euch sprechen, euch antworten zu können. (Das war eure Frage 21.)

Ich bin zu dieser Überzeugung nicht nur durch meine frühe Erfahrung als Professor, durch die Kurse und Arbeitsgruppen gelangt, sondern vor allem durch meine Erfahrung als Prediger, Predigt im Gottesdienst und besonders bei Exerzitienvorträgen. Und meistens habe ich mich dabei an junge Menschen gewandt; der Jugend habe ich geholfen, dem Herrn zu begegnen, ihn zu hören und ihm auch zu antworten.

Wenn ich mich jetzt an euch wende, möchte ich das so tun, dass ich wenigstens indirekt auf alle eure Fragen antworten kann. Ich kann das daher nicht so machen, dass ich diese Fragen eine nach der anderen vornehme. Meine Antworten können jetzt zwangsläufig nur summarisch sein.

Erlaubt mir also, die Frage zu wählen, die mir als wichtigste, als zentralste erscheint, und mit ihr zu beginnen. Auf diese Weise, so hoffe ich, werden nach und nach eure anderen Fragen ins Gespräch kommen.

Eure Hauptfrage betrifft Jesus Christus. Ihr wollt mich über Jesus Christus sprechen hören, und ihr fragt mich, wer Jesus Christus für mich ist (Frage 13).

Gestattet, dass ich die Frage an euch zurückgebe und sage: Wer ist Jesus Christus für euch? Auf diese Weise will ich euch, ohne der Frage auszuweichen, auch meine Antwort geben und euch sagen, wer er für mich ist.

Das ganze Evangelium ist ein Dialog mit dem Menschen, mit den verschiedenen Generationen, den Nationen, den verschiedenen Überlieferungen..., aber es ist immer und ununterbrochen ein Dialog mit dem Menschen, mit jedem einzelnen, absolut einmaligen Menschen. Zugleich begegnet man im Evangelium zahlreichen Dialogen. Unter ihnen erwähne ich als besonders bedeutsam das Gespräch Christi mit dem reichen Jüngling. Ich lese euch den Text vor, weil ihr ihn vielleicht nicht alle gut in Erinnerung habt. Er steht im 19. Kapitel des Matthäus-Evangeliums: «Es kam ein Mann zu Jesus und fragte: Meister, was muss ich Gutes tun, um das ewige Leben zu gewinnen? Er antwortete: Was fragst du mich nach dem Guten? Nur einer ist 'der Gute'. Wenn du aber das Leben erlangen willst, halte die Gebote! Darauf fragte er ihn: Welche? Jesus antwortete: Du sollst nicht töten, du sollst nicht die Ehe brechen, du sollst nicht stehlen, du sollst nicht falsch aussagen; ehre Vater und Mutter! Und: du sollst deinen Nächsten lieben wie dich selbst! Der junge Mann erwiderte ihm: Alle diese Gebote habe ich befolgt. Was fehlt mir jetzt noch? Jesus antwortete: Wenn du vollkommen sein willst, geh, verkauf deinen Besitz und gib das Geld den Armen; dann komm und folge mir nach. Als der junge Mann das hörte, ging er traurig weg; denn er hatte ein grosses Vermögen» (Mt 19,16–22).

Warum spricht Christus mit diesem jungen Mann? Die Antwort findet sich im Evangelium. Und ihr fragt mich, warum ich überall, wo ich hinkomme, mit der Jugend zusammentreffen will (eure Frage 1).

Ich antworte euch: Weil der Jugendliche in ganz besonderer, in entscheidender Weise den Menschen darstellt, der im Begriff ist, sich zu bilden. Das soll nicht heissen, dass der Mensch sich nicht sein ganzes Leben lang bildet; man sagt, die Erziehung beginne bereits vor der Geburt und dauere bis zum Lebensende. Doch vom Gesichtspunkt der Bildung her ist die Jugend eine besonders wichtige, reiche und entscheidende Zeit. Und wenn ihr über das Gespräch Christi mit dem reichen Jüngling nachdenkt, werdet ihr bestätigt finden, was ich euch sagte.

Die Fragen des jungen Mannes sind wesentlich. Die Antworten auch. Diese Fragen und diese Antworten sind nicht nur für den jungen Mann wesentlich, von dem hier die Rede ist, sie haben nicht nur für seine damalige Situation Bedeutung; sie sind ebenso für heute, für unsere Zeit von erstrangiger Bedeutung und wesentlich. Deshalb antworte ich auf die Frage, ob das Evangelium auf die Probleme der heutigen Menschen Antwort geben kann (das ist eure Frage 9): es kann das nicht nur, es muss auch: es allein gibt eine vollständige Antwort, die den Dingen ganz auf den Grund geht.

Ich habe zu Beginn gesagt, dass Christus das Wort Gottes ist, das Wort eines ununterbrochenen Dialogs. Er ist der Dialog, der Dialog mit jedem Menschen, auch wenn nicht alle ihn führen und nicht alle wissen, wie sie ihn führen sollen und es auch Menschen gibt, die ihn ausdrücklich ablehnen. Sie entfernen sich. Und doch, vielleicht ist auch mit ihnen der Dialog im Gang. Ich bin überzeugt, dass es so ist. Nicht nur einmal passiert es, dass der Dialog ganz unerwartet und überraschend Wirklichkeit wird.

Ich beantworte jetzt die Frage, in der ihr wissen wollt, warum ich in den verschiedenen Ländern, die ich besuche, wie auch in Rom mit den verschiedenen Staatsmännern spreche (Frage 2). Einfach, weil Christus mit allen Menschen spricht, mit jedem Menschen. Ausserdem meine ich, und daran zweifelt auch ihr nicht, dass Christus den Menschen, die so grosse gesellschaftliche Verantwortung tragen, nicht weniger zu sagen hat, als dem jungen Mann im Evangelium und jedem von euch.

Auf eure Frage, worüber ich denn mit den Staatsoberhäuptern spreche, möchte ich antworten, dass ich mit ihnen sehr häufig über die Jugend rede. Es ist ja in der Tat die Jugend, von der das Morgen abhängt. Diese Worte sind einem Lied entnommen, das die euch gleichaltrigen polnischen Jugendlichen oft singen: «Von uns hängt das Morgen ab.» Auch ich habe es mehr als einmal mit ihnen gesungen. Zudem machte es mir grosse Freude, mit den Jugendlichen Lieder zu singen, auch wegen der Musik und der Texte. Ich rufe diese Erinnerung wach, weil ihr mir auch Fragen über meine Heimat vorgelegt habt (eure Frage 7), aber wenn ich auf diese Frage antworten wollte, müsste ich viel länger sprechen!

Ihr fragt mich auch, was Frankreich von Polen und Polen von Frankreich lernen könnte. Man ist gewöhnlich der Meinung, dass Polen mehr von Frankreich als dieses von Polen gelernt habe. Seiner Geschichte nach ist Polen um einige Jahrhunderte jünger. Ich glaube jedoch, dass Frankreich auch manches lernen könnte. Polen hatte keine leichte Geschichte, vor allem während der letzten Jahrhunderte. Die Polen haben nicht wenig dafür bezahlt, Polen und auch Christen zu sein... Das ist eine autobiographische Antwort, verzeiht, aber ihr habt mich dazu herausgefordert. Erlaubt jedoch, dass ich diese autobiographische Antwort mit Hilfe anderer von euch gestellter Fragen noch erweitere. Zum Beispiel, wenn ihr mich fragt, ob eine abendländische Kirche wirklich «afrikanische» oder «asiatische Kirche» sein kann (Frage 20).

Dieses Problem ist augenscheinlich weiter und geht über das hinaus, was ich vorhin zur Kirche in Frankreich oder Polen gesagt habe. Denn die eine wie die andere sind «abendländisch», gehören demselben europäisch-lateinischen Kulturkreis an, doch meine Antwort bleibt dieselbe. Die Kirche ist ihrer Natur nach eine und universal. Sie wird zur Kirche jeder Nation, aller Kontinente und Rassen in dem Mass, wie diese Gesellschaften das Evangelium annehmen und es sozusagen zu ihrem Eigentum machen. Vor kurzem war ich in Afrika. Alles weist darauf hin, dass die jungen Kirchen dieses Erdteils ganz bewusst afrikanisch sind. Und sie sind bewusst bestrebt, die Verbindung zwischen dem Christentum und den Überlieferungen ihrer eigenen Kulturen herzustellen. In Asien und vor allem im Fernen Osten meint man oft, das Christentum sei die «abendländische» Religion, trotzdem zweifle ich nicht daran, dass die Kirchen, die dort Wurzel geschlagen haben, «asiatische» Kirchen sind.

Kehren wir nun zu unserem Hauptthema zurück, zum Gespräch Christi mit dem jungen Mann. Eigentlich haben wir, würde ich sagen, diesen Textzusammenhang die ganze Zeit gar nicht verlassen. Der junge Mann fragt also: «Meister, was muss ich Gutes tun, um das ewige Leben zu gewinnen?» (Mt 19,16). – Ihr stellt die Frage: Kann man in der heutigen Welt glücklich sein? (das ist eure Frage 12). In Wahrheit stellt ihr dieselbe Frage wie dieser Jüngling! Christus antwortet – ihm und auch euch, jedem von euch. Man kann glücklich sein. Das ist der Inhalt seiner Antwort, auch wenn seine Worte lauten: «Wenn du das Leben erlangen willst, halte die Gebote» (Mt 19,17). Und dann fügte er hinzu: «Wenn du vollkommen sein willst, geh, verkauf deinen Besitz und gib das Geld den Armen...; dann komm und folge mir nach» (Mt 19,21).

Diese Worte besagen, dass nur der Mensch glücklich sein kann, der imstande ist, die Forderungen anzunehmen, die ihm sein Menschsein, seine Menschenwürde auferlegen. Das sind die Forderungen, die Gott ihm abverlangt. Christus beantwortet also nicht nur die Frage, ob man glücklich sein kann – sondern er sagt mehr: er sagt, wie man glücklich wird und unter welcher Bedingung. Diese Antwort ist ganz und gar originell, man kann sie nicht beiseite schieben, sie ist niemals überholt. Ihr müsst gut darüber nachdenken und sie auf euch selbst anwenden. Die Antwort Christi umfasst zwei Teile. Im ersten geht es um

«Warum ich in den verschiedenen Ländern, die ich besuche, mit den verschiedenen Staatsoberhäuptern spreche? Einfach, weil Christus mit allen Menschen spricht... und vor allem jenen viel zu sagen hat, die so grosse gesellschaftliche Verantwortung tragen.»

die Beachtung der Gebote. Hier möchte ich etwas ausholen zu eurer Frage über die grundsätzliche Lehre der Kirche im Bereich der Sexualmoral (Frage 17). Ihr gebt eurer Sorge Ausdruck, weil ihr die Befolgung dieser Prinzipien als sehr wichtig anseht und fürchtet, dass sich gerade deshalb junge Menschen von der Kirche abwenden könnten. Ich habe euch folgendes zu antworten: Wenn ihr über diese Frage genug nachdenkt, wenn ihr dem Problem auf den Grund geht, so versichere ich euch, dass ihr euch klar darüber werdet, dass die Kirche auf diesem Gebiet nur Forderungen erhebt, die ganz eng mit der wahren, das heisst verantwortlichen ehelichen Liebe verbunden sind. Sie fordert, was die Würde der Person und die gesellschaftliche Grundordnung verlangen. Ich bestreite nicht, dass es sich um Forderungen handelt. Aber eben hier liegt der Kern des Problems, dass nämlich der Mensch sich selbst nur in dem Masse verwirklicht, als er fähig ist, die an ihn gerichteten Forderungen auf sich zu nehmen. Andernfalls wird er «ganz traurig», wie wir soeben im Evangelium gelesen haben. Der moralische Permissivismus macht die Menschen nicht glücklich. Die Konsumgesellschaft macht die Menschen nicht glücklich. Sie waren nie dazu imstande.

Im Gespräch Christi mit dem jungen Mann gibt es, wie ich sagte, zwei Abschnitte. Im ersten Abschnitt geht es um die Einhaltung der Zehn Gebote, das heisst um die Grundforderungen jeder menschlichen Moral. Im zweiten Abschnitt sagt Christus: «Wenn du vollkommen sein willst... komm und folge mir nach» (Mt 19,21).

Dieses «Komm und folge mir nach» ist der zentrale Höhepunkt der ganzen Episode. Diese Worte machen deutlich, dass man das Christentum nicht als eine aus vielen verschiedenen Kapiteln bestehende Lektion lernen kann, sondern es immer mit einer Person, mit einem lebendigen Menschen verbinden muss: mit Jesus Christus. Jesus Christus ist der Führer: er ist das Vorbild. Man kann ihm auf verschiedene Weise und in verschiedenem Ausmass nachfolgen. Man kann ihn auf verschiedene Weise und in verschiedenem Ausmass zur «Regel» seines eigenen Lebens machen.

Jeder von uns ist gleichsam ein besonderes «Material», aus dem – in der Nachfolge Christi – die eine, konkrete und absolut einmalige Lebensform gewonnen werden kann, die sich als christliche Berufung bezeichnen lässt. Zu diesem Punkt wurde auf dem letzten Konzil, vor allem, was die Berufung der Laien betrifft, viel gesagt.

Das ändert nichts daran, dass das «Folge mir nach» Christi in diesem besonderen Fall die priesterliche Berufung oder die Berufung zum geweihten Leben nach den evangelischen Räten ist und bleibt. Ich sage das, weil ihr die Frage 10 nach meiner eigenen Priesterberufung gestellt habt. Ich will versuchen, euch kurz darauf zu antworten, indem ich eurer Fragestellung folge. Ich will vor allem das sagen: ich bin seit zwei Jahren Papst; mehr als zwanzig Jahre bin ich Bischof, und doch bleibt es für mich immer das wichtigste, dass ich Priester bin. Dass ich jeden Tag die Eucharistie feiern kann. Dass ich das eigene Opfer Christi erneuern und in ihm alles dem Vater darbringen kann: die Welt, die Menschheit und mich selbst. Darin besteht ja das volle Ausmass der Eucharistie. Und deshalb habe ich stets die innere Entwicklung in Erinnerung, in deren Folge ich den Ruf Christi zum Priestertum gehört habe. Dieses besondere «Komm und folge mir nach».

Indem ich euch das anvertraue, fordere ich jeden von euch auf, diesen Worten des Evangeliums euer Ohr zu leihen. Dadurch wird sich euer Menschsein voll herausbilden und die christliche Berufung eines jeden von euch feste Formen annehmen. Und vielleicht werdet auch ihr den Ruf zum Priesterberuf oder zum Ordensleben hören. Frankreich war noch bis vor kurzem reich an solchen Berufen. Es hat unter anderem der Kirche unzählige Missionare und

«Ich bin jetzt Papst, bin seit mehr als zwanzig Jahren Bischof, und doch bleibt für mich immer das wichtigste, dass ich Priester bin. Dass ich jeden Tag die Eucharistie feiern kann» – mit besonderer Hingabe in Marienwallfahrtsorten, wie hier auf den Philippinen.

Missionsschwestern geschenkt! Sicher spricht Christus noch immer an den Ufern der Seine und lässt immer denselben Aufruf vernehmen. Hört aufmerksam hin! Denn in der Kirche werden immer die gebraucht, die «aus den Menschen ausgewählt werden», die Christus in besonderer Weise «für die Menschen» einsetzt (Hebr 5,1) und die er zu den Menschen entsendet. Ihr habt auch die Frage über das Gebet gestellt (Frage 4). Es gibt mehrere Definitionen des Gebets. Aber meist bezeichnet man es als ein Gespräch, eine Begegnung mit Gott. Wenn wir mit jemandem ein Gespräch führen, sprechen wir nicht nur, sondern wir hören auch zu. Das Gebet ist also auch ein Hören. Es besteht im Hören auf die innere Stimme der Gnade. Im Hören auf den Ruf. Und da ihr mich fragt, wie der Papst betet, antworte ich euch: wie jeder Christ – er spricht und er hört. Und er versucht auch, das Gebet mit seinen Verpflichtungen, seiner Tätigkeit, seiner Arbeit zu verbinden und seine Arbeit mit dem Gebet zu verbinden. Und auf diese Weise trachtet er Tag für Tag seinen Dienst, sein Dienstamt zu erfüllen, das ihm durch den Willen Christi und die lebendige Überlieferung der Kirche aufgetragen ist.

Ihr fragt mich auch, wie ich diesen Dienst jetzt sehe, wo ich seit zwei Jahren zum Nachfolger Petri berufen bin (Frage 6). Ich sehe diesen Dienst vor allem als eine Reifung im Priestertum und als ein Verharren im Gebet mit Maria, der Mutter Christi, wie die Apostel im Abendmahlssaal zu Jerusalem unablässig beteten, als sie den Heiligen Geist empfingen. Darüber hinaus findet ihr meine Antwort auf diese Frage auch im Zusammenhang mit den folgenden Fragen. Und in all dem, was zur Verwirklichung des Zweiten Vatikanischen Konzils gehört (Frage 14). Ihr fragt, ob diese Verwirklichung möglich ist? Und ich gebe euch zur Antwort: die Verwirklichung des Konzils ist nicht nur möglich, sie ist notwendig. Diese Antwort ist vor allem die Antwort des Glaubens. Es ist die erste Antwort, die ich am Morgen nach meiner Wahl vor den in der Sixtinischen Kapelle versammelten Kardinälen gegeben habe. Es ist die Antwort, die ich mir selbst und den anderen vor allem als Bischof und als Kardinal gegeben habe, und es ist die Antwort, die zu geben ich nicht aufhöre. Hier liegt das Hauptproblem. Ich glaube, dass durch das Konzil für die Kirche unserer Zeit die Worte Christi verwirklicht werden, in denen er seiner Kirche den Geist der Wahrheit verheissen hat, der den Geist und die Herzen der Apostel und ihrer Nachfolger leiten und ihnen ermöglichen wird, in der Wahrheit zu bleiben, die Kirche in der Wahrheit zu führen und im Lichte dieser Wahrheit «die Zeichen der Zeit» neu zu lesen. Eben das hat das Konzil im Zusammenhang mit den Bedürfnissen unserer Zeit, unseres Zeitalters getan. Ich glaube, dass durch das Konzil der Heilige Geist zur Kirche spricht. Ich sage das, indem ich ein Wort des hl. Johannes aufgreife. «Unsere Aufgabe ist es, auf sichere und ehrliche Weise zu erfassen, was der Geist sagt» und es zu verwirklichen, wobei wir Abweichungen von dem Weg, den das Konzil unter vielerlei Gesichtspunkten vorgezeichnet hat, vermeiden müssen.

Der Dienst des Bischofs und besonders der des Papstes ist mit einer besonderen Verantwortung für das verbunden, was der Geist sagt: er ist mit der Gesamtheit des Glaubens der Kirche und der christlichen Moral verbunden. Denn dieser Glaube und diese Moral sind es, die sie, die Bischöfe zusammen mit dem Papst, in der Kirche lehren müssen, indem sie im Licht der stets lebendigen Überlieferung über die Übereinstimmung des Glaubens und der Moral mit dem Wort des geoffenbarten Gottes wachen. Deshalb müssen sie manchmal auch feststellen, dass bestimmte Meinungen oder Veröffentlichungen zeigen, dass es ihnen an dieser Übereinstimmung fehlt, sie bieten keine authentische Lehre des christlichen Glaubens und der Sittenlehre.

In der Kirche werden immer die gebraucht, die «aus den Menschen ausgewählt werden», die Christus in besonderer Weise «für die Menschen einsetzt» und die er zu den Menschen entsendet. – In Kinshasa (Zaire) besuchte der Papst die Niederlassung polnischer Missionsschwestern.

Ich spreche davon, weil ihr danach gefragt habt (Frage 5). Wenn wir mehr Zeit hätten, könnte man diesem Problem eine ausführliche Darlegung widmen – um so mehr, als es gerade in diesem Bereich nicht an falschen Informationen und irrigen Erklärungen fehlt, doch wir müssen uns heute mit diesen wenigen Worten begnügen.

Das Werk der Einheit der Christen ist, wie ich glaube, eine der grössten und schönsten Aufgaben der Kirche unserer Zeit. Ihr wollt wissen, ob ich diese Einheit erwarte und wie ich sie mir vorstelle. Ich werde euch dieselbe Antwort geben, wie auf die Frage nach der Verwirklichung des Konzils. Auch hier sehe ich einen besonderen Anruf des Heiligen Geistes. Was seine Verwirklichung, die verschiedenen Stufen der Verwirklichung betrifft, so finden wir in der Lehre des Konzils alle grundlegenden Elemente. Sie müssen wir verwirklichen, ihre konkrete Anwendung müssen wir versuchen, und vor allem müssen wir mit innerer Glut, Ausdauer und Demut beten. Die Einheit der Christen kann nur durch eine tiefe Reifung in der Wahrheit und durch eine ständige Umkehr der Herzen Wirklichkeit werden. All das müssen wir unseren menschlichen Fähigkeiten entsprechend tun, indem wir die Jahrhunderte währenden «historischen Prozesse» zurückzunehmen beginnen. Letzten Endes aber wird diese Einigung, für die wir weder mit unseren Anstrengungen noch mit unserer Arbeit sparen dürfen, das Geschenk Christi an seine Kirche sein, so wie schon die Tatsache, dass wir den Weg der Einigung beschritten haben, sein Geschenk ist.

In eurer Frageliste weitergehend, antworte ich: ich habe schon wiederholt von den Pflichten der Kirche im Bereich der Gerechtigkeit und des Friedens gesprochen (Frage 15) und dabei auf das Wirken meiner grossen Vorgänger Johannes XXIII. und Paul VI. Bezug genommen. Morgen will ich am Sitz der UNESCO in Paris dazu das Wort ergreifen. Ich nehme auf all das Bezug, weil ihr mich fragt:

Was können wir, wir Jugendlichen dafür tun? Können wir etwas tun, um einen neuen Krieg, eine Katastrophe zu verhindern, die unermesslich und schrecklicher als der vorangegangene Krieg wäre? Ich meine, dass ihr schon in der Formulierung eurer Fragen die erwartete Antwort finden könnt. Lest diese Fragen, denkt über sie nach. Entwerft ein gemeinsames Programm, ein Programm des Lebens. Ihr Jugendlichen habt bereits die Möglichkeit, dort, wo ihr lebt, in eurer Umwelt den Frieden und die Gerechtigkeit zu fördern. Das schliesst schon bestimmte Haltungen des Wohlwollens ein beim Urteil über euch selbst und die anderen, ein Verlangen nach Gerechtigkeit, das auf der Achtung der anderen, ihrer Verschiedenheit, ihrer wichtigsten Rechte beruht; so wird eine Atmosphäre der Brüderlichkeit vorbereitet, wenn ihr morgen die Hauptträger der Verantwortung in Staat und Gesellschaft seid. Wenn man eine neue und brüderliche Welt aufbauen will, muss man neue Menschen vorbereiten.

Und nun zur Frage über die Dritte Welt (Frage 8). Das ist eine grosse historische, kulturelle und zivilisatorische Frage, aber vor allem ein moralisches Problem. Ihr fragt mit Recht, wie die Beziehungen zwischen unseren Ländern und den Ländern der Dritten Welt, Afrikas und Asiens, aussehen sollen. Es gibt hier in der Tat grosse Verpflichtungen moralischer Natur. Unsere «westliche» Welt ist zugleich «nördlich» (europäisch oder atlantisch). Ihr Reichtum und ihr Fortschritt verdanken den Bodenschätzen und den Menschen jener Kontinente viel. In der neuen Lage, in der wir uns nach dem Konzil befinden, kann man nicht mehr dort die Quellen einer weiteren Bereicherung und seines eigenen Fortschritts suchen. Man muss gewissenhaft, indem man sich organisatorisch darauf einstellt, ihrer Entwicklung dienen. Das ist vielleicht das wichtigste Problem in Bezug auf Gerechtigkeit und Frieden in der Welt von heute und morgen. Die Lösung dieses Problems hängt

In Benin bezeugte der Papst öffentlich seine persönliche Wertschätzung für den dorther stammenden einzigen afrikanischen Kurienkardinal Bernardin Gantin. Beide zeigten sich besorgt über die Entwicklung des Landes unter seiner gegenwärtigen kommunistischen Führung. Kardinal Gantin ist Präsident der Päpstlichen Kommission für Gerechtigkeit und Frieden und der vatikanischen Koordinierungsstelle kirchlicher Hilfsmassnahmen «Cor Unum».

von der jetzigen Generation ab, und sie wird von euch und den folgenden Generationen abhängen. Es geht hier auch darum, das Zeugnis fortzusetzen, das viele frühere Generationen von Missionaren, Ordensleuten und Laien für Christus und die Kirche gegeben haben.

Zur Frage 18: Wie kann man heute Zeuge für Christus sein? Das ist die grundlegende Frage, die Fortsetzung der Überlieferung, die wir in den Mittelpunkt unseres Dialogs gestellt haben, die Begegnung mit einem jungen Mann. Christus sagt: «Folge mir nach!» Das hat er zu Simon, dem Sohn des Jonas, gesagt, dem er dann den Namen Petrus gab; zu dessen Bruder Andreas; zu den Söhnen des Zebedäus; zu Nathanael. Er sagt: «Folge mir nach», um dann nach der Auferstehung zu wiederholen: «Ihr werdet meine Zeugen sein». Um Zeuge Christi zu sein, um von ihm Zeugnis zu geben, muss man ihm vor allem folgen. Man muss ihn kennenlernen, man muss sich sozusagen in seine Schule begeben, in sein Geheimnis eindringen. Das ist eine fundamentale und zentrale Aufgabe. Wenn wir das nicht tun, wenn wir nicht bereit sind, es ständig und ehrlich zu tun, läuft unser Zeugnis Gefahr, dass es kein Zeugnis mehr ist. Wenn wir hingegen auf all das aufmerksam achten, wird Christus selbst uns durch seinen Geist lehren, was wir zu tun haben, wie wir uns verhalten sollen, wofür und wie wir uns einsetzen sollen, wie wir den Dialog mit der heutigen Welt führen sollen, diesen Dialog, den Paul VI. den «Dialog des Heils» nannte.

Wenn ihr mich also fragt: Was müssen wir, vor allem wir jungen Menschen, in der Kirche tun?, dann antworte ich euch: Christus kennenlernen. Ständig Christus hören. In ihm finden sich wahrhaftig die unergründlichen Schätze der Weisheit und des Wissens. In ihm wird der Mensch, auf dem seine Grenzen, seine Unvollkommenheiten, seine Schwäche und seine Sünden lasten, wahrhaftig zum «neuen Menschen»: er wird zum «Menschen für die anderen», er wird auch Mensch zur «Ehre Gottes», weil die Ehre Gottes, wie im zweiten Jahrhundert der heilige Bischof und Märtyrer Irenäus von Lyon sagte, «der lebendige Mensch» ist. Die Erfahrung von zweitausend Jahren lehrt uns, dass in diesem grundlegenden Werk der Sendung des ganzen Gottesvolkes kein wesentlicher Unterschied zwischen Mann und Frau besteht. Jeder wird in seinem Geschlecht, gemäss den charakteristischen Zügen der Frau und des Mannes, zu diesem «neuen Menschen», das heisst zu diesem «Menschen für die anderen», und als lebendiger Mensch wird er «zur Ehre Gottes». Wenn es stimmt, und es stimmt, dass die Kirche hierarchisch von den Nachfolgern der Apostel und somit von Männern geleitet wird, so ist es nur um so richtiger, dass im charismatischen Sinn die Frauen sie zusammen mit den Männern leiten, ja vielleicht sogar noch mehr: ich fordere euch auf, oft an Maria, die Mutter Christi, zu denken.

Ehe ich dieses Zeugnis, das auf euren Fragen gründet, abschliesse, möchte ich noch ganz besonders den zahlreichen Vertretern der französischen Jugend danken, die mir vor meiner Ankunft in Paris Tausende von Briefen gesandt haben. Ich danke euch, dass ihr diese Verbundenheit, diese Gemeinschaft, diese Mitverantwortung bekundet habt. Ich wünsche mir, dass diese Verbundenheit, diese Gemeinschaft und diese Mitverantwortung nach unserer Begegnung heute abend fortgesetzt werden und weitere Vertiefung und Entfaltung erfahren.

Ich bitte euch auch, eure Verbundenheit mit der Jugend der ganzen Kirche und Welt im Geist dieser Gewissheit zu stärken, dass Christus unser Weg, die Wahrheit und das Leben ist.

Vereinigen wir uns jetzt im Gebet, das er selbst uns gelehrt hat, indem wir gemeinsam das Vaterunser singen, und empfangt den Segen des Bischofs von Rom, Nachfolgers Petri.

Das Verhältnis des Papstes zu den Kindern und Jugendlichen ist aussergewöhnlich herzlich und natürlich. Überall auf der Welt, wie hier auf der Pazifikinsel Guam, wendet er sich ihnen mit Vorliebe zu.

Jeans und Jesus

New York, 3. Oktober 1979

Weisse Jeans, ein weisses T-shirt mit rotem Welcome-Aufdruck und eine Musik-Kassette mit Eigenproduktionen überreichte Amerikas Jugend dem Papst. «Unsere Symbole», erläuterte völlig unnötig ihr Sprecher. «Und Jesus», sagte der Papst. Es klang wie ein Werbeslogan und war es ja auch. Karol Wojtyla kann es mit der Jugend, das weiss heute jeder. Ob in Rom, Mexiko-City oder Krakau – seine Begegnungen mit der Jugend sind immer grosse Klasse. Was sich in Amerika abspielt, ist «Spitze». Im amerikanischen Sinne, versteht sich.
Dort muss es vor allem laut zugehen. In den New Yorker Madison Square Gardens, Europäern vorwiegend als Stätte famoser Boxkämpfe und Popkonzerte ein Begriff, drohten die Trommelfelle zu platzen. Natürlich nur bei den über Dreissigjährigen, denen man ja ohnehin nicht trauen soll.
Der 59jährige Papst nahm es mit den Halbwüchsigen auf. Veranstaltete eine Art phonetischen Boxkampf gegen Musicbands, Songs, Slogans, Pfiffe, Klatschen, Geschrei, Geheul. «Huh», tönte er ins Mikrophon. Eher leise. Dann nochmals: «Huuuh.» Schon ein bisschen lauter. Einige horchten auf. Schliesslich: «Huh, huuh, huuuh.» Jetzt begriffen alle und der Dialog begann: Zehn Minuten lang «huh, huh, huh.» Allerheiligenlitanei heutiger Jugend. Der Papst machte die Anrufung: «Huh, huh, huh», die Zehntausende antworteten: «Huh, huh, huh.» Der Rhythmus steigerte sich. Die Lautstärke auch. Schliesslich summt der Papst «mm – m». Und die Antwort lautet: «mm – m.» Wie ja auch gegen Ende der Litanei die Anrufungen und Antworten sich

93

ändern. Und dann wird es langsam leiser, bis zu einem langgedehnten «mmmm», das heisst «Amen».

Jetzt kann der Papst endlich reden. «Liebe junge Leute, ich freue mich.» Und wieder bricht der Orkan los. Aber der Papst braucht nach ein paar Minuten nur leicht die Hand zu heben und es ist Stille. «Ihr wisst, ich muss ein Programm einhalten.» Gemurre, Pfiffe. «Man hat mir gesagt, dass die meisten von euch katholische Highschools besuchen.» Das Geheul unterstreicht die Bedeutung der katholischen Schulen besser als jeder Hirtenbrief. «Der Sinn der christlichen Erziehung, der Sinn des Lebens ist in erster Linie: Christus kennen zu lernen. Ihn, den Freund aller Menschen, gleich welche Sprache sie sprechen, welche Kleidung sie tragen, welche Hautfarbe sie haben. Teil der christlichen Erziehung ist», fährt der Papst fort – und im «Boxpalast» ist es plötzlich ganz still – «die Nöte der Mitmenschen zu sehen. Den Mut haben, das auch zu tun, was man glaubt. Aus christlicher Weltanschauung mit den Problemen des Lebens zurechtzukommen. Deshalb lade ich euch, liebe Jugendliche, heute ein: Schaut auf Christus. Wenn ihr mit euch selbst nicht zurechtkommt, schaut auf ihn, er gibt eurem Leben Sinn. Wenn ihr nicht wisst, was Erwachsen-Sein bedeutet, schaut auf ihn, er ist die Fülle des Mensch-Seins. Wenn ihr mit eurer eigenen Rolle für die Zukunft der Welt und der Vereinigten Staaten nicht klarkommt, schaut auf Christus.» Sie halten den Atem an, als der Papst sagt: «Die Kirche braucht euch. Die Welt braucht euch, denn sie braucht Christus, und ihr gehört Christus. Deswegen bitte ich euch: Nehmt eure Verantwortung an. Taten sprechen lauter als Worte. Zeigt also mit eurem täglichen Leben, dass ihr wirklich glaubt, dass Christus Gott ist.»

«Jesus Christ is Lord», kommt die Antwort, singend, klatschend, immer mehr anschwellend, der Papst schlägt den Takt. «Kardinal Cooke (der Erzbischof von New York) meint, jetzt reichts», ruft er endlich ins Mikrophon. Protestgeheul. Der Papst überschreit es: «Basta! Segen!» Erteilt den Segen, zusammen mit den anwesenden Bischöfen, und fügt dem Amen hinzu: «Very nice.»

Zwei Stunden später sind im Shea Stadion weitere Zehntausende junger Menschen versammelt. Ähnliche Szenen. «Haltet Jesus Christus in euren Herzen, und ihr werdet sein Ebenbild in jedem Menschen erkennen und dessen Nöte sehen.» Es sind viele Puertoricaner da, die weniger begüterten «Nächsten». Einer trug ein offenbar selbstbedrucktes T-shirt: «I prayed with the Pope – ich betete mit dem Papst.»

Abschied von Kenia: alle Pastoralreisen verbindet als «roter Faden» das Wirken der Vorsehung. «Viele sagen, der Papst reist zu viel – und in zu kurzen Zeitabständen. Menschlich gesehen, denke ich, haben sie recht. Aber es ist die Vorsehung, die uns führt...»

Reist der Papst zu viel?

Interview Johannes Paul II. mit dem Chefredakteur des Osservatore Romano und dem Intendanten von Radio Vatikan (12. Juni 1980)

Heiligkeit, vor Ihrer Frankreichreise sprach man davon, dass es eine schwierige Reise werden könne. Glauben Sie nach Abschluss dieser Reise, dass jene Schwierigkeiten überwunden wurden oder dass sie tatsächlich niemals von solcher Bedeutung waren?

Ich glaube, jede Pastoralreise besitzt ein eigenes Gewicht, eine objektive Bedeutung. Auch die Reise nach Frankreich hatte eine objektive Bedeutung, die von der Wirklichkeit der durchgeführten Reise bewahrheitet wurde, entsprechend der objektiven Bedeutung der Kirche in Frankreich, der französischen Nation, des Landes in seiner Tradition und Kultur, in seinem Einfluss auf das internationale Leben, besonders auf das Leben der Kirche. Alles in allem gesehen, war es eine wichtige Reise, der eine Art Schlüsselbedeutung zukommt. Die vor der Reise geäusserten subjektiven Meinungen und die nach der Reise vermerkten subjektiven Reaktionen sind nur zweitrangig. Die Hauptsache ereignete sich auf der Reise selbst und stellt die objektive Bedeutung dieser Fahrt bzw. Pilgerreise dar, die ich dank der Vorsehung in den letzten Mai- und ersten Junitagen durchführen konnte.

Zu jeder apostolischen Pilgerreise gehört inzwischen ein Zusammentreffen mit der Jugend. Was war Ihrer Meinung nach das Charakteristische, Besondere an der Begegnung mit der französischen Jugend im Stadion des Parc-des-Princes?

Man könnte sagen, das Besondere sei die Überraschung gewesen. Die Begegnung war überraschend, nicht nur im Hinblick darauf, wie sie verlief, sondern auch auf das, was ihr voranging. Die Organisatoren hatten für diese Begegnung ein verhältnismässig grosses Stadion, Parc-des-Princes, bereitgestellt, dessen Plätze sich dann als unzureichend erwiesen. Ich weiss nicht, wie viele draussen bleiben mussten und nur indirekt an der Begegnung teilnehmen konnten; ich weiss, dass die Mehrheit draussen geblieben ist, während auf den Stufen des Stadions nur eine Minderheit Platz gefunden hatte. Das ist ein Zeichen, zumindest ein Zeichen für das Interesse der französischen Jugend – der Universitätsjugend und, so meine ich, auch der Jugend der Höheren Schulen und der Arbeiterjugend – für die Probleme der Kirche, der Religion. Das Treffen war sowohl von den Jugendlichen als auch von den Veranstaltern gut vorbereitet worden. Beim Kontakt mit jungen Menschen sind zwei Dinge notwendig: man muss klar zu ihnen sprechen, und man muss immer zum Dialog bereit sein. Letzteres überwog bei der Begegnung mit der französischen Jugend im Prinzenpark: wir blieben auf Dialogebene. Die Jugendlichen waren so liebenswürdig gewesen und hatten mir im voraus eine Liste von Fragen zugesandt, auf die sie Antwort haben wollten. So fiel es mir leichter, ihnen jeweils eine überlegte, genaue und kurze Antwort zu geben. Dasselbe ist übrigens auch auf anderen Reisen geschehen. Zum Beispiel in Polen: für Krakau hatte ich eine Ansprache vorbereitet, die dann während der Begegnung mit den Jugendlichen nicht gehalten wurde. An ihrer Stelle entwickelte sich ein Dialog, einer jener Dialoge, wie man sie mit Jugendlichen hält, ein anschaulicher Dialog, der nicht nur aus Worten bestand, sondern Gesänge, Gefühle, Begeisterung mit einschloss, weil das die Art und Weise ist, wie sich junge Menschen äussern. Ich glaube, junge Menschen sind überall gleich, sie ähneln einander

Das bevorzugte Transportmittel des Papstes ist der Hubschrauber. Das gilt für seine Reisen in Italien wie für die Pastoralbesuche an verschiedenen Orten in einem anderen Besuchsland.

sehr. Ich erinnere mich an meine Begegnung in Mexiko. Da gab es immer wieder neue Überraschungen. Ich meine, wir dürfen mit jenem Treffen in Frankreich zufrieden sein. Ich glaube, dass auch die Jugendlichen zufrieden sind. Sie hatten vor unserem Zusammentreffen viele Briefe geschrieben und sie mir bei der Begegnung gegeben, damit ich sie den Jugendlichen in Brasilien überbringe. Schmunzelnd sagte ich zu ihnen: «Für euch also ist der Papst ein Briefträger!» Mit den jungen Menschen muss man scherzen. Aber man muss auch ernst sein und viel von ihnen fordern. Sie selbst wollen, dass sie stark gefordert werden. Wenn man ernst ist und sie fordert, indem man ihnen die fundamentalsten Antworten gibt, so muss man sich doch auch mit ihnen über ihre Jugend freuen können: über die grosse Verheissung, die sie einfach dadurch darstellen, dass sie jung sind.

Hatte man bei der Begegnung mit den Arbeitern in Saint-Denis den Eindruck, dass Ihre Worte über die Ungerechtigkeit und über die Ursachen des unaufhörlichen Kampfes «Mensch wider Mensch» fruchtbaren Boden gefunden haben, auf dem sie weiterwachsen können?

Ich dachte, hier sei der geeignete Ort, um das zum Ausdruck zu bringen. Mehr noch könnte man sagen: aufgrund meiner persönlichen Erfahrung – mehr als vier Jahre meines Lebens bin ich Arbeiter gewesen – setzte ich grosses Vertrauen in das ehrliche Bemühen und das Verständnis für die moralischen, sittlichen Grundsätze und Werte der Welt der Arbeit. Es handelt sich um jenes Vertrauen, das wir jedem Menschen in jedem Arbeitsbereich schuldig sind. Die Arbeit ist gewiss eine Last unseres Menschseins, aber die Arbeit gehört auch zu den Dingen, die unser Menschsein adeln. Die Tatsache, dass die Frucht der Arbeit das eigene Leben und das der Familie zu garantieren vermag, beweist, dass die Arbeit der echten menschlichen Liebe sehr nahesteht, dem, was der Mensch liebt, dem, wofür er lebt, dem, was seinem Leben als einzelnem und als Gemeinschaft einen positiven, grundlegenden Sinn verleiht. Auf dieser Linie lag meine Ansprache in Saint-Denis, und ich glaube, alle, die anwesend waren, haben es verstanden. Ausgehend von diesem Gedanken, habe ich die Grundprobleme des heutigen Lebens, wie Arbeit und Familie, berührt, aber auch die internationalen Probleme, denen heute weltweite Bedeutung zukommt, wie Friede, Krieg, die Gefahr der Selbstvernichtung, die an verschiedenen Orten und auf verschiedene Weise verletzten Menschenrechte, wie ich vor der Vollversammlung der UNO und der UNESCO ausgeführt habe. Vom ethischen und christlichen Gesichtspunkt aus ist es in der Tat ein Problem von allergrösster Wichtigkeit, zu unterscheiden zwischen all dem, was einen edlen Kampf für jede Gerechtigkeit, besonders für die soziale Gerechtigkeit, darstellt, und dem, was die Abweichung, die Entartung dieses Kampfes in Formen des Hasses, des Krieges, der gegenseitigen Zerstörung bedeuten kann. Dies alles ist für sämtliche Bereiche auszuschliessen, angefangen vom unmittelbarsten bis hin zum nationalen, internationalen oder planetarischen. Im übrigen hat sich die Initiative der französischen Bischöfe und im besonderen des Erzbischofs von Paris und des Bischofs von Saint-Denis zu einer pastoralen Begegnung mit der Arbeiterwelt für mich als sehr wertvoll erwiesen. Ich bin den Veranstaltern dieser Begegnung persönlich sehr dankbar.

Was erwartet sich die Gesamtkirche von der Kirche Frankreichs? Und was kann umgekehrt Frankreich, Frankreichs Kultur, Frankreichs Seele heute der übrigen Welt geben?

Die Doppelfrage ist richtig, aber auch die einfache Frage wäre gerechtfertigt; denn die Gesamtkirche, die katholische Kirche, das Christentum haben von der Kirche

Der mit Papstreisen verbundene Aufwand kommt dem Papst selbst ein bisschen verquer. Vermeiden lässt er sich – wie hier im brasilianischen Sao Paulo – aus Sicherheitsgründen nicht.

Frankreichs, vom französischen Volk wahrhaftig viel empfangen. Und der Ehrentitel «erstgeborene Tochter» wurde der Kirche in Frankreich nicht ohne tiefe Berechtigung verliehen, ein Titel, den ich während meiner Reise mehrmals mit grosser Genugtuung und persönlicher Überzeugung wiederholt habe. Wenn wir den Anteil der Franzosen, der Kirche Frankreichs am Heilswerk der Gesamtkirche betrachten, sehen wir, dass dieses Land wahrlich zu allen Zeiten viele Heilige hervorgebracht hat. Nicht zu vergessen ist sodann der missionarische Einsatz. Der Präsident der Französischen Republik hat selbst in seiner Begrüssungsansprache bei meiner Ankunft in Paris gesagt, dass noch heute jede zehnte Ordensfrau auf der Welt Französin ist. Frankreich hatte in der Vergangenheit immer einen starken Anteil an geistlichen Berufungen, am missionarischen Einsatz dieser Berufungen überhaupt. Heute macht die Kirche in Frankreich hinsichtlich dieser Berufungen eine Krise durch. Aber wie ich in der Botschaft an die Franzosen am Tag vor meiner Pilgerreise sagte, hoffen wir, dass es sich um eine «Wachstumskrise» handelt. Schliesslich wissen wir, wie gross die Verdienste der Franzosen der Kirche Frankreichs für die gesamte Kultur unserer Zeit, für die Vergangenheit wie auch für die katholische, christliche Welt sind: in Theologie, Philosophie, Literatur, Wissenschaft, Geschichte. Eine Kultur, die nicht nur in Frankreich, sondern auch darüber hinaus mit so vielen berühmten Namen verknüpft ist. Auch unter einem Kirche, Nation und Tradition, Kultur und Personen verbindenden Aspekt hat Frankreich viel gegeben. Gewiss hat es auch vieles erhalten. Denn es besteht nun einmal eine gewisse Wechselwirkung zwischen dem, was einer empfängt, und dem, was einer gibt. Frankreich hat viel gegeben, weil es viel empfangen hat. Zunächst hat es, wie auch andere Nationen, z.B. die meine, wenn auch unter anderen geschichtlichen, ethnischen und kulturellen Gegebenheiten, seine Identität erhalten. Ich bin überzeugt, dass Frankreich seine Identität – auch als Nation – vom Christentum, von der Universalkirche, von der Kirche des Konzils erhalten hat. Gegenwärtig steht die Kirche Frankreichs (wie Frankreich selbst) vor der Herausforderung, weiterhin das zu sein, was sie war, die Schwierigkeiten zu überwinden, treu missionarisch und schöpferisch zu bleiben. Das erklärt den tieferen Sinn meiner Reise nach Frankreich.

Wenn man Ihren Weisungen in den verschiedenen Ländern folgt, hat man den Eindruck, dass sich durch Ihre apostolischen Reisen ein roter Faden zieht. Wie lassen sich die grossen Themen der Pilgerreise nach Frankreich mit dem bevorstehenden Besuch Eurer Heiligkeit in Brasilien in Verbindung bringen?

Es scheint mir «eine gute und gerechte Sache», von einem roten Faden zu sprechen, und das nicht nur im menschlichen, sondern auch im göttlichen Sinn des Wortes. Es gibt einen roten Faden, den die Vorsehung in der Hand hält. Ich hatte nicht damit gerechnet, in diesem Jahr Frankreich zu besuchen. Ich stellte mich darauf ein, 1981 nach Lourdes zu fahren, ein – wie ich meine – geeigneter Ort für die Begegnung mit der Kirche Frankreichs. Verschiedene Umstände haben jedoch dazu beigetragen, diese Reise zwischen der Afrika- und der Brasilienreise festzusetzen, auch wenn das als übertrieben erscheinen könnte. Viele sagen, der Papst reist zu viel – und in zu kurzen Zeitabständen. Menschlich gesehen, denke ich, haben sie recht. Aber es ist die Vorsehung, die uns führt und uns mitunter dazu anleitet, etwas per excessum, also im Übermass, zu tun. In der Tat lehrt der hl. Thomas, die Tugend liege in der Mitte. Jedenfalls kam seit einiger Zeit aus Frankreich eine Art Appell, eine Art informeller Einladung, die mich überraschte. Ich dachte nicht, dass die

Franzosen so interessiert wären, den Papst zu sehen; ich hätte das niemals gedacht. Doch das Gottesvolk, die Jugend, Persönlichkeiten meldeten sich. Natürlich gab es auch offizielle Anlässe, die nicht weniger wichtig waren; ich denke besonders an die Einladung der UNESCO, die mir erlaubte, erneut auf das grosse Problem der Bedrohung des Weltfriedens einzugehen und erneut an die Wissenschaftler der Welt zu appellieren. Dann hat mir Kardinal Marty, ein guter Freund von mir, geschrieben und mitgeteilt, es sei der richtige Moment für eine Reise gekommen. Ausserdem erging an mich die Einladung der Bischofskonferenz durch Kardinal Etchegaray. Kardinal Renard ist einmal eigens deshalb nach Rom gekommen, um mich zur Begegnung mit den Bischöfen anzuspornen. Es war also eine Situation entstanden, in der ich nicht anders konnte, als den roten Faden der Fügung, der Vorsehung zu erkennen. Der Aufenthalt in Paris, in Frankreich, scheint mir auch im Zusammenhang mit der eben erst beendeten Afrikareise und der kommenden Brasilienreise gerechtfertigt. In einigen afrikanischen Ländern, die ich für die erste Reise wählte – Zaire, Kongo, Obervolta, Elfenbeinküste –, befanden wir uns in Gebieten, in denen französisch gesprochen wird. Überall spürte man die französische Kultur, hörte man die französische Sprache. Auch was Brasilien betrifft, gibt es starke Verbindungen. Man weiss, welchen Einfluss Frankreich, die französische Kultur stets auf dieses Land, besonders auf seine intellektuelle Schicht hatte. Brasilien steht zwar in der iberischen, portugiesischen Tradition, war aber und ist noch immer offen für französische Kultur, französisches Denken und auch für die grosse geistige Tradition des französischen Katholizismus. So können wir also sagen, dass der Besuch in Frankreich auch eine Vorbereitung, ja gewissermassen eine Vorwegnahme des Besuches in Brasilien war. Ich könnte noch hinzufügen, dass manche Themen, die während der Pilgerreise nach Paris angeschnitten wurden, eine Vorwegnahme jener Themen war, die ich in Brasilien – natürlich entsprechend der ganz anderen, eben spezifisch brasilianischen Situation – aufgreifen und entwickeln werde.

IV.
GLÄUBIG

Die Angst vor dem Tod Gottes

Turin, 13. April 1980

Die Stadt beherbergt das grösste italienische Automobilwerk, aber auch drei grosse Marienheiligtümer. Sie war im vergangenen Jahrhundert Ausgangspunkt der italienischen Einigungsbewegung, aber auch Wirkstätte von Heiligen, wie dem Jugenderzieher Don Bosco und dem Helfer der Kranken und Körperbehinderten Giuseppe Cottolengo. Sie ist säkularisiert wie jede moderne Industriestadt, geprägt vom Klassenkampf, tief verwundet durch blindwütigen Terrorismus, und sie bewahrt eine ungewöhnliche und geheimnisvolle Reliquie – das Grablinnen Christi.
«Wenn wir die Argumente zahlreicher Wissenschaftler akzeptieren», sagt der Papst, «dann ist das Grabtuch einzigartiges Zeugnis des Leidens, des Todes und der Auferstehung Jesu, ein stummes und doch aussergewöhnlich beredtes Zeugnis.» Für Johannes Paul II. wurde – wie zum letztenmal für Pius VII. zu Anfang des vergangenen Jahrhunderts – am Weissen Sonntag 1980 das Grablinnen aus seiner hölzernen Schutzhülle genommen und ausgebreitet. Der Kustos der Domkapelle, in der die kostbare Reliquie verwahrt wird, erläuterte dem Papst die Abdrücke der Wundmale, die der Gekreuzigte bei seiner Grablegung in dem Linnen hinterlassen hatte und die erst durch die Umkehrtechnik der Fotografie deutlicher gemacht werden konnten. Johannes Paul II., der schon im September 1978 – ein paar Wochen vor seiner Wahl zum Papst – wie Hunderttausende andere Gläubige anlässlich der letzten öffentlichen Ausstellung des Linnens nach Turin gepilgert war, verweilte diesmal lange Zeit in tiefem Schweigen und küsste schliesslich den Saum des Tuches. Gegenüber dem Erzbischof der Stadt, Kardinal Ballestrero, bemerkte er dann: «Auf dieses Dokument scheint gerade unsere Zeit gewartet zu haben; mit einer solchen Reliquie ist es leicht, in Turin Ostern zu feiern.»
Zum Abschluss der Osterwoche kündete der Papst während seines eintägigen Besuches in Turin Hunderttausenden (darunter auch Besuchern aus der Schweiz und Deutschland): «Die Auferstehung Christi ist der Sieg über die Angst des Menschen.» Gerade in den Ländern und Städten mit grossem technischen Fortschritt erweise sich, dass die Fort-

Dem Glaubensboten aus Rom strecken sich überall auf der Welt hoffnungsvoll unzählige Hände entgegen – die oft ein Kreuz umfassen.

schrittsgläubigkeit des heutigen Menschen nur bedingt gerechtfertigt sei. Der einseitig wirtschaftlich, technisch, politisch denkende und auch der nur auf sein Vergnügen ausgerichtete Mensch verliere die volle Dimension seiner Menschlichkeit, das Bewusstsein vom tieferen Sinn des Lebens. «Reines Konsumdenken ist eine Flucht vor der Wahrheit», rief der Papst aus. «Wenn Mutter Teresa von Kalkutta hier wäre, dann würde sie uns sagen, dass dort und überall auf der Welt Menschen Hungers sterben.»

Eindringlich warnte der Papst vor dem «gigantischen Potential des Todes», das der unter Vergeudung so vieler Energien erreichte Fortschritt verberge. «Der heutige Mensch hat Angst. Selbst die Supermächte, die über Arsenale von Vernichtungswaffen verfügen, haben Angst, und die anderen haben auch Angst: die Kontinente, die Nationen, die Städte. Und diese Angst ist nicht unbegründet. Es gibt heute nicht nur Tötungs- und Vernichtungsmöglichkeiten, die früher unbekannt waren; heute bringen Menschen ihre Mitmenschen tatsächlich auch in Massen um.»

Auf dem Domplatz von Turin wurde es still, als der Papst an die Vernichtungslager erinnerte und vom modernen Terrorismus sprach. «Diese Bewaffneten moderner Armeefraktionen töten Wehrlose und Unschuldige, töten in Wohnungen, Betrieben, Universitäten, haben daraus ein System gemacht. Wenn Menschen behaupten, man müsse andere umbringen, um den Menschen und die Gesellschaft zu verändern und zu verbessern, dann erhebt sich die Frage, ob wir mit unserem gigantischen materiellen Fortschritt nicht den Anfang für den gigantischen und programmierten Tod des Menschen selbst gesetzt haben.»

Die tiefste Ursache der Angst des heutigen Menschen sieht der Papst in den philosophischen Systemen, den gesellschaftlichen, wirtschaftlichen und politischen Programmen, die im Namen der «Befreiung des Menschen vom religiösen Aberglauben» den «Tod Gottes» propagieren. Infolge der Leugnung Gottes habe der Mensch keine Hemmungen mehr, nach der Tötung der Stimme seines Gewissens auch den Mitmenschen zu töten. «Der letzte Grund, warum der Mensch lebt und das Leben seines Mitmenschen achtet und schützt, ist Gott», rief der Papst aus und erntete minutenlang Beifall. Dieser steigerte sich noch, als Johannes Paul II. fortfuhr: «Den einzigen Schlüssel gegen den Tod des Menschen hat Christus, der Sohn des lebendigen Gottes.» Der Glaube an den auferstandenen Christus beseelt in Turin insbesondere den «Cottolengo», die im Jahre 1832 vom heiliggesprochenen Priester dieses Namens gegründete Anstalt zur Betreuung von Geisteskranken, Körperbehinderten und unheilbar Kranken. Eine Stunde lang widmete sich der Papst den rund 1500 «von allen Ausgestossenen» und ihren Betreuern, darunter zahlreiche Jugendliche, die dort ohne Vergütung arbeiten. Der Papst war angesichts so viel menschlichen Leidens und gleichzeitig so viel menschlicher Barmherzigkeit tief bewegt: Verkrüppelte Kinder wurden ihm gereicht, Kranke in Rollstühlen fuhren auf ihn zu, Todkranke lächelten ihm vom Sterbebett entgegen... Eine grössere Gruppe von Ordensschwestern, die im Cottolengo wirken, begrüsste Johannes Paul II. mit einem Schild: «Wir sind taubstumm. Hören nicht Deine Stimme. Sind glücklich, Dich zu sehen. Wir danken Dir.»

«Der heutige Mensch hat Angst. Selbst die Supermächte, die über Arsenale von Vernichtungswaffen verfügen, haben Angst, und die anderen haben auch Angst: die Kontinente, die Nationen, die Städte.» – In dieser Angst ist der Papst für unzählige Menschen in aller Welt ein überzeugender Bote der Hoffnung.

Grösster Friedhof der Welt

Auschwitz, im Juni 1979

«Holocaust» gesehen, «Anus mundi» gelesen und vieles andere mehr. Der Bücherschrank zuhause ist voll Literatur über die «Tausend Jahre» von 1933 bis 1945. Die Tochter setzte sich mit diesem Thema für das Abitur auseinander. Das Unbegreifliche konnte ihr der Vater, Jahrgang 1935, nicht erklären. Er war im September 1978 in Dachau; anlässlich des Besuchs des polnischen Primas, des damaligen Kardinals Wojtyla und anderer polnischer Bischöfe in der Bundesrepublik, und hat so erstmals ein KZ gesehen. Er konnte es irgendwie innerlich noch verarbeiten, dank Freunden, die dort Häftlinge waren, Toten und Lebenden. Der Münchener Weihbischof Neuhäusler ist einer der Toten, der Sekretär der Polnischen Bischofskonferenz einer der Lebenden. Aber Auschwitz und Birkenau und die übrigen insgesamt sechzehn nazistischen Greuelstätten in Polen?

Das ist so furchtbar, so unglaublich, so teuflisch. Berge von Schuhen, Zahnbürsten, Rasierpinseln, Kleiderbürsten, Koffern. Auf den Koffern die Namen, viele jüdische. Aber auch: Waisenkind Nummer soundso, Jahrgang 1935. Die Herkunftsorte: ganz Europa. Die Frauenhaare, die nicht mehr zur industriellen Verarbeitung ins «Reich» geschickt werden konnten. Unzählige Brillen. Eine Vitrine mit Babywäsche. Sie greift am stärksten ans Herz. Sie konkretisiert die vier Millionen, die hier vernichtet wurden. Auch Babies waren Feinde des «Reichs».

Das Böse im Menschen kam und kommt auch an anderen Orten der Welt brutal zum Durchbruch. Die Ausrottung ganzer Völker wurde auch anderswo versucht. Grausamkeiten sind überall an der Tagesordnung. Doch die Perfektion der Grausamkeit, der Zerstörung des Menschen durch den Menschen ist Auschwitz. «Systematische Negation der Menschlichkeit», sagte der Papst, der vor seiner Wahl auf den Stuhl Petri Bischof von Krakau war und die Stätte des Grauens im Gebiet seiner Diözese hatte. «Ich bin oft und oft hierher gekommen, als Bischof; es war unmöglich für mich, nicht auch als Papst hierher zu kommen.»

Dies ist der Hintergrund seiner Antrittsenzyklika «Redemptor hominis». Der Erlöser der Menschen ist Jesus Christus. Die Würde, die Rechte des Menschen können so leicht mit Füssen getreten werden. Da genügt eine Uniform. Ein Befehl, Gehorsam. Todesindustrie. Stolze Vollzugsberichte an den Reichsführer. «Wundert euch nicht, wenn die Welt euch hasst.» Lesung bei der Papstmesse in Birkenau. Erster Johannes-Brief. «Leben hingeben für die Freunde.» Dann aus dem Evangelium. «Dies ist mein Gebot: Liebet einander, wie ich euch geliebt habe.»

Das polnische Fernsehen hatte Weisung, während der dreistündigen Übertragung der Papstmesse in Birkenau auch die Menge zu zeigen. Tags darauf zeigte selbst der Monitor-Service für die Journalisten wieder wie gehabt, nur Papst, keine Menge. In Nowy Targ in den Beskiden waren mehr als eine Million versammelt. Hier wie in Birkenau aber schiebt sich vor das geistige Auge immer wieder das Auschwitz-Grauen. Die bunte, lebende, singende, applaudierende Menge wird immer wieder zur weiss-grau gestreiften Schar der Häftlinge, zur unendlichen Schar derer, die in die Krematorien getrieben wurden.

Der Papst klagte in Birkenau niemanden an. Zeigefinger der Anklage sind die stehengebliebenen Kamine der Holzbaracken, die von den Nazis in eiliger Flucht vor der Roten Armee abgebrannt wurden, die gesprengten Krematorien, die Ziegelbaracken, in denen Menschen schlimmer hausen mussten als Schweine. Die Blockführerstube, in der Papst und ehemalige KZ-Häftlinge die liturgischen Gewänder anlegten. Denkwürdigste Sakristei der Welt.

Der Altar stand auf der berüchtigten Selektionsrampe, auf den Schienen, über die vier Millionen Menschen in den Tod gefahren wurden. Doch der Papst klagt nicht an. Er mahnt, erinnert, verweist auf die Erklärung der Menschenrechte, auf Christus, der Mensch geworden ist, um die Menschen vom Bösen zu erlösen, vor einem weiteren Auschwitz zu bewahren, vor diesem Golgata der modernen Welt, diesem grössten Friedhof der Welt.

Bei der Eucharistiefeier auf dem Gelände des ehemaligen Konzentrations- und Vernichtungslagers Auschwitz-Birkenau nahmen ehemalige Häftlinge am Opfergang teil.

Wo Wohlstand alles ist

Köln, 15. November 1980

Der Papst redet – vielen ein Ärgernis – deutlich. Viele haben sogar Angst davor. In den USA war «Selfishness» das Schlüsselwort, zu deutsch Selbstsucht. Das passt auch auf Deutschland. Aber in einem Land mit alter christlicher Tradition fasst der Papst die aktuelle Wirklichkeit sicher besser in den Begriff «Wohlstandsgläubigkeit». Dieses Wort zeigt den Ansatzpunkt: Glaube, der sich mit dem Wohlstand auseinandersetzt. Glaube, den der Papst verkündet. Der Papst aus einem armen Land, der die Menschen in einem reichen Land auf andere Gedanken bringen möchte. Der ihnen wieder den Glauben verkünden möchte, den sie nicht nötig zu haben scheinen. Der Papstbesuch gilt ausdrücklich allen Deutschen. Die Akzentuierung «Ost und West» ist bundesrepublikanisch. Ebenso das Gerangel, ob der Papst den Bundeskanzler oder ob der Bundeskanzler den Papst aufsucht.
Johannes Paul II. besucht die Menschen in Deutschland. Nicht staatliche oder kirchliche Grössen. Schon gar nicht Medienfürsten, die den Menschen vieles einreden, was diese – oberflächlich wie es oft dargeboten wird – zwar zunächst hinnehmen, dann aber, nach tieferem Nachdenken, im Gewissen doch ablehnen.
«Habt keine Angst», hat dieser Papst am Tag seines Dienstantritts den Menschen in aller Welt zugerufen. Das Signum des Papstbesuches in Deutschland, die Hand mit dem Kreuz, ist ein Anruf an das Gewissen einer Nation – jedes einzelnen Menschen in dieser «geliebten deutschen Nation» – zum Nachdenken über die christliche Überlieferung, die auch zutiefst europäische Tradition ist.

Deutsches Denken, weltweit anerkannt, war immer Auseinandersetzung mit dem Evangelium. Das gilt für Karl Marx ebenso wie für Bischof Ketteler. Der eine hat ein System geschaffen, unter dem die halbe Menschheit leidet, der andere hat Wege gewiesen, die den Menschen von Systemen befreien.
In einer Welt, die sich heute «frei» nennt, ist das anders geworden. Nicht mehr das Evangelium ist der Kristallisationspunkt des Denkens, sondern der Wohlstand. Selbst so denkwürdige Wortverbindungen der Sprache Goethes wie Wohlstandsgläubigkeit, Wohlstandshörigkeit, Wohlstandsbesessenheit, Wohlstandsverfallenheit, Wohlstandsabhängigkeit, Wohlstandszwang vermögen da nicht aufzuschrecken, auch nicht die Wohlstandsangst.
Man hat keine Angst im Wohlstand?
Keine Angst um die Jugend oder wegen der Jugend, der man doch ein Paradies auf Erden bereitet hat? Nur: Woher das Drogenproblem, das Ausflippen, die Sekten, die Kriminalität, der Terrorismus? Keine Angst vor den fremden Menschen? Die man sich ins Land geholt hat, damit sie die «niedrigen», für die Wohlstandsgesellschaft unerlässlichen Dienste leisten. Nur: Woher die eigene Kinderscheu, die Ausländerfeindlichkeit, der Fremdenhass?
Keine Angst vor Menschen, die anders sind? Die ein Gebrechen haben. Nur: Warum die Gerichtsurteile, die solche Wirklichkeit aus dem Wohlstands-Gesichtskreis verbannen wollen?
Keine Angst vor der Dritten Welt? Für die man doch so viel tut. Nur: Warum das andauernde Herausstreichen des eigenen Weltbildes, seiner Richtigkeit, des wirtschaftlichen Erfolges?
Keine Angst vor der Leistungsgesellschaft? Nur: Warum versichert sich selbst die Kirche gegen Schäden eines eventuellen «Papst-Ausfalls»?

Der Pastoralbesuch des Papstes in Deutschland galt erklärtermassen allen Deutschen. Er wollte den Menschen in Deutschland wieder den Glauben verkünden, den viele nicht nötig zu haben scheinen.

Und keine Angst bei den Medien, insbesondere beim Fernsehen? Nur: Wird man den Papst allein sagen lassen, was er den Deutschen zu sagen hat, oder wird man seine Aussage kommentierend, korrigierend, interpretierend in die Wohlstands-Landschaft einzuebnen versuchen? Denn eines wird der Papst mit Sicherheit nicht tun: Er wird den Deutschen kein bequemeres Christentum predigen. Aber vielleicht nimmt er ihnen etwas von ihrer Angst, von ihrer Wohlstandsangst.

«Liebe siegt immer»

Galway, 30. September 1979

Im Westen Irlands, wo noch gälisch gesprochen wird, auf der Rennbahn in Galway, haben sich am Sonntagvormittag Hunderttausende von Jugendlichen der ganzen Grünen Insel versammelt. In der Nacht zuvor gab es einen Wetterumschlag: Der Himmel ist regenverhangen, die Temperatur stark gefallen. Doch Irlands Jugend ist da, schon seit vielen Stunden. Während der Papst zur Eucharistiefeier einzieht, inszenieren die Jugendlichen ein Festival. Mitreissende Songs, Spirituals, Choräle und Marienlieder. «Dies ist der Tag, den der Herr gemacht» und «Freude, schöner Götterfunken». Und viel Halleluja, viel Jubel. Eine Flut von Fähnchen und winkenden Händen. «Grosser Gott, wir loben Dich» und das polnische «Sto lat – lang soll er leben, hundert Jahre soll er leben». Irlands Jugend ist schon am Vormittag von Begeisterung mitgerissen, bei den Älteren dauert die Anlaufzeit etwas länger. «Ich vertraue auf euch», ruft der Papst den Hunderttausenden zu. Beifall antwortet. Hoch auf der Altarinsel in der Mitte der Rennbahn steht der Papst und predigt. «Ich kenne euch und ich verstehe die Jugend.» Das grüne Messgewand weht im Wind. Die Mitra verdeckt die Haarsträhnen, die ihm der Wind am Vortag immer ins Gesicht geweht hatte. «Ihr hört manche Leute sagen, eure religiöse Praxis sei hoffnungslos überholt, Gott habe seine Rolle ausgespielt. Eine Gesellschaft, die auf diese Weise ihre höheren und moralischen Werte verliert, wird leicht Beute für Manipulation und Vorherrschaft von Kräften, die unter dem Vorwand grösserer Freiheit in Wirklichkeit immer mehr versklaven. Wieviele junge Menschen haben schon die wahre Lebensfreude durch Drogen, Sex, Alkohol, Vandalismus und reines Besitzstreben ersetzt. In Christus werdet ihr die wahre Grösse eurer eigenen Menschlichkeit entdecken. Er nennt euch nicht Sklaven, sondern Freunde.»

Auch – gerade – vor der Jugend schneidet der Papst das Nordirlandproblem an. Mit der Forderung Christi: Liebet eure Feinde, tut Gutes denen, die euch hassen. «Liebe siegt, auf lange Sicht, immer», betont Johannes Paul II. Das ist die rechte Antwort auf die erste Reaktion des nordirischen Pastors und Extremisten Paisley, der nach dem eindringlichen Appell des Papstes in Drogheda nur zu fordern wusste, der Papst solle die IRA exkommunizieren. Der Papst verteilt keine Bannflüche, sondern predigt Umkehr, Verzeihung und Liebe.

«Jugendliche Irlands, ich liebe euch. Jugendliche Irlands, ich segne euch in dem Namen Jesus Christus», schliesst er seine Ansprache. Unbeschreiblicher Jubel antwortet ihm. Wieder tönt es polnisch: «Sto lat – lang soll er leben, hundert Jahre soll er leben», schwillt an zu einer alles mitreissenden Woge der Begeisterung. Der Papst lacht gerührt, winkt zurück. Die Jugendlichen reichen sich die Hände, stimmen Spirituals

Ob in Irland oder – im Bild – auf den Philippinen: Liebe siegt immer. Das ist die Botschaft des Papstes vor allem für die Jugend.

an, bewegen sich im Tanzschritt. Die Sonne durchbricht kurz die dichte Wolkendecke. «Sie hat noch gefehlt», bemerkt der Papst, «jetzt ist alles perfekt.»
Die Hunderttausende skandieren ihre Songs. Ein Sprecher versucht, sich Gehör zu verschaffen. «Liebe Jungen und Mädchen, lasst doch den Heiligen Vater zu Ende reden, lasst ihn noch Amen sagen.» Nach 25 Minuten Beifall und Gesang und Jubel und Tanzen und Händeklatschen kann der Papst weiter Eucharistie feiern. Er fordert die Jugendlichen zur Erneuerung ihrer Taufgelübde auf. Jede Frage erhält eine mächtige überzeugende Antwort. Diese Jugend macht dem Papst Freude, macht sich selbst Freude und erfüllt auch die in der Regel recht abgebrühten, zahllosen Journalisten aus aller Welt mit Erstaunen, steckt sie mit ihrer Begeisterung ein bisschen an.
Am Samstag war der Papst von fünf Uhr bis nach Mitternacht auf den Beinen. Er fand keine Zeit für die Mahlzeiten, nahm nur zwischendurch einen Imbiss sozusagen zwischen Tür und Angel. Und schon gar keine Zeit zum Ausruhen. «Haben Sie das gehört», dreht sich der Taxifahrer ganz entgeistert zu seinem Fahrgast um, «er hat nicht mal Zeit zum Essen.» Im Autoradio war das eben gesagt worden, und sein Radio läuft natürlich den ganzen Tag, denn den Papstbesuch will er nicht versäumen.

Es gibt kaum anderen Gesprächsstoff. Der Liftboy, die Zeitungsfrau, das Zimmermädchen, der Polizist auf der Kreuzung, die Passanten an der Ecke – alle haben nur ein Thema, reden ununterbrochen vom Papst. Sie tauschen Eindrücke und Meinungen aus und wollen von dem Besucher aus Rom natürlich vor allem wissen, ob auch er beeindruckt ist. Er ist es. Die Iren feiern den Papst mit einer Hingabe, die man in dieser schon fast exaltierten Form nicht einmal in der polnischen Heimat des Karol Wojtyla erlebt hat.
In Irland hat der Papst buchstäblich die gesamte Bevölkerung auf die Beine gebracht. Jeder Ire, das kann man ohne Übertreibung behaupten, ist dem Papst wenigstens einmal begegnet. Eineinhalb Millionen waren beim ersten Gottesdienst im Dubliner Phönix-Park. Nachmittags in Drogheda wieder eine Million. Am Sonntag Vormittag in Galway ebenso. Und damit ist bereits die Dreieinhalbmillionen-Bevölkerung der Republik erreicht. Hunderttausende haben die Nächte im Freien verbracht, um rechtzeitig an den Orten der Begegnung mit dem Papst zu sein. Während der über dreistündigen Eucharistiefeier im Phönix-Park wurden zwei Kinder geboren, acht Menschen starben an Herzinfarkt.

Der Papst in Köln. Vielleicht hätte man sich eher gegen Regen versichern sollen anstatt gegen die Folgen eines möglichen «Papstausfalls» . . .

Wahrheit macht frei

Tschenstochau/Krakau, Juni 1983

Gegen Mitternacht – die staatlichen Bewacher hatten die Klosterburg verlassen, die vatikanischen des langen Tagwerks müde ihre Aufgabe den Paulistenpatres als den Hütern des Heiligtums überlassen – schlich er sich aus dem «Kardinalszimmer» im Westturm (das immer für wallfahrende Würdenträger bereitet ist) in die Basilika. Die Patres hatten einen rotgepolsterten Betstuhl vor das Gnadenbild gestellt. Er kniete daneben auf den Boden. Aufrecht, trotz seiner Müdigkeit, lange und einsam. Er war zu Hause, bei «seiner» Madonna, musste viel mit ihr bereden.

«Hier sind wir frei», hatte er kurz zuvor der Jugend gesagt. Hier, auf Jasna Gora, dem Weissen Berg, Herz und Symbol polnischer Katholizität und Nationalität. Was kein Widerspruch ist. Trotz gelegentlich stärkerer Betonung der Vaterlandsliebe. Verständlich für ein Volk, das immer Spielball benachbarter Grossmächte war und nur aus dem Glauben Hoffnung schöpfen konnte. «Wenn wir schwach sind, sind wir stark.»

Die Jugend verstand diese vom Evangelium inspirierte Sprache. Die kommunistische Militärregierung auch. Ihr Sprecher sah sich veranlasst, auf Ideale neueren Datums hinzuweisen. «Millionen und Millionen Jugendlicher wollen ihre Zukunft mit dem Sozialismus aufbauen.» Ganz unrecht hat er nicht, der Oberst. Nur vergass er das Wesentliche: Freiheit.

«Gelegentlich beneiden wir vielleicht die Franzosen, die Deutschen oder die Amerikaner», sprach der polnische Papst der polnischen Jugend aus dem Herzen. «Weil ihr Name in der Geschichte nicht mit einem so hohen Preis verbunden ist; weil sie so einfach frei sind, während unsere polnische Freiheit so viel kostet.» Die Jugendlichen, Hunderttausende und aus dem ganzen Land, seit Tagen unterwegs, im Freien campierend, trotz des Nieselregens und des frischen Windes singend und spielend und betend, haben plötzlich kleine Holzkreuze in Händen. Das war schon vor vier Jahren so, in Krakau. Doch diesmal, in Tschenstochau, tragen die Kreuze Trauerflor.

«Hilf uns, in der Hoffnung auszuharren!» fleht der Papst die Schwarze Madonna an. Sie blickt nachdenklich-traurig wie seit 600 Jahren. Die Ankunft dieses byzantinischen Gnadenbildes auf Jasna Gora ist der erklärte Anlass der zweiten Heimatreise des ersten slawischen Papstes. Das Jubiläumsjahr wurde eigens verlängert. Jan Pawel II. – der Platz vor dem Heiligtum ist inzwischen nach ihm benannt – wollte schon im August vergangenen Jahres kommen. Als Papst und als Pole fühlte er sich dazu verpflichtet. Doch die Militärjunta war dagegen. Jetzt musste sie unter dem Druck des Volkes nachgeben. In ihrer Angst fand sie sich jedoch nicht in der Lage, der vatikanischen Forderung nach endgültiger Aufhebung des suspendierten Kriegsrechtes zu folgen. Der Starke Mann, General Jaruszelski, versprach dem Papst aber, dies «baldmöglichst» zu tun und «humanitäre Massnahmen» zu ergreifen, was vor allem eine Amnestie für die politischen Gefangenen bedeutet, «sofern sich die Lage weiterhin positiv entwickelt». Den Staatsstreich der Partei-Militärs vom 13. Dezember 1981 verteidigte der General als «eine schwere, aber unerlässliche Entscheidung, als ultima ratio», die noch grösseres Leid und noch mehr Tränen erspart habe.

«Friede sei dir, mein Vaterland Polen!» So grüsste der Papst als Botschafter der Wahrheit, der Versöhnung und des Friedens diesmal seine Heimat. Vor vier Jahren hatte er den schlichten und doch ausdrucksvollen polnischen Gruss «Gelobt sei Jesus Christus» gebraucht. Doch inzwischen sind

Totus Tuus. Ganz Dein. Vertrauensvolle Ganzhingabe an die Gottesmutter. «Hier auf Jasna Gora haben wir gelernt, dass keine äussere Macht die Nation zerstören kann, wenn sie moralisch stark ist. Hören wir auf Christus, auch wenn seine Forderung bisweilen hart ist.»

auf die fünfzehn Monate begeisterten Freiheitswillens schmerzliche Ereignisse gefolgt, die viele Hoffnungen zunichte machten, den «Geist von Danzig» aber lebendiger denn je erhielten.

Aus der zu den Gottesdiensten versammelten Menge bildeten sich hinterher in Warschau und Tschenstochau, Breslau und Krakau Demonstrationszüge mit der eindeutigen Forderung nach Wiederzulassung der verbotenen Gewerkschaft Solidarnosc. Der Regierungssprecher sah darin eine Politisierung der religiösen Feiern und bat die Kirche, im Sinne der Stabilisierung der Nation politischen Aktionen entgegenzuwirken. Bei den Gottesdiensten selbst jedoch war die Riesenmenge immer gesammelt. Und auch die Demonstrationszüge lösten sich so friedlich auf, wie sie sich gebildet hatten. Der Papst sollte nach dem Wunsch der Regierung nicht von der verbotenen Gewerkschaft reden. Er sprach dafür um so mehr von der nötigen Solidarität. Das polnische Wort dafür ist Solidarnosc.

Bei der Schlussfeier des Jubiläumsjahres auf Jasna Gora unterstrich er vor etwa zwei Millionen Gläubigen die Freiheit der Kinder Gottes. Bei allem Einfühlungsvermögen in die heikle geopolitische Lage seiner Heimat nahm er sich wie immer kein Blatt vor den Mund. Der Altar, von dem aus er predigte, war nach Osten gerichtet. «Die Freiheit wird dem Menschen von Gott gegeben als Mass seiner Würde, gleichzeitig als Aufgabe. Der Mensch kann seine Freiheit gut oder schlecht gebrauchen. Er kann mit seiner Freiheit aufbauen oder zerstören. Hier, auf Jasna Gora mahnt uns die Gottesmutter, mit ihrem Sohn, mit Christus die Freiheit zu leben.» Der gottgewollten Freiheit des einzelnen entspreche die Freiheit der Nation, das freie Vaterland. «Der Staat ist wirklich frei, wenn er auch wirklich Freiheit gibt.» Die Menge auf der sanft abfallenden Wiese unterhalb des Heiligtums brach in einen gewaltigen Beifallssturm aus.

Da bittet der Papst ungewöhnlich ernst und nachdrücklich darum, seine Predigt nicht mit Applaus zu unterbrechen, ihm ruhig zuzuhören. Er tut es mit Worten des verstorbenen Kardinalprimas Wyszynski, der ein entschiedener Gegner von Beifallsbezeugungen während des Gottesdienstes war. Die Menge versteht sogleich und bleibt bis zum Ende ganz still, während der Papst fortfährt: «Die Souveränität des Staates ist zutiefst verbunden mit seiner Fähigkeit, die Freiheit der Nation zu fördern, also jene Bedingungen zu schaffen, die es ihr erlauben, die je eigene geschichtliche und kulturelle Identität auszudrücken, mittels des Staates souverän zu sein. – Hier auf Jasna Gora haben wir gelernt, dass keine äussere Macht die Nation zerstören kann, wenn sie moralisch stark ist. Hören wir auf Christus, auch wenn seine Forderung bisweilen hart ist!»

Diese Eucharistiefeier wurde vom Fernsehen auch in westliche Länder übertragen. Die staatlichen Techniker hatten jedoch, wie schon vor vier Jahren Weisung, den Papst möglichst ohne Menge zu zeigen. Nur als beim Vaterunser ein stärkerer Regen einsetzte, schwenkte die Kamera erstmals über die Menge: über das Meer der Regenschirme, das die wahre Zahl der Anwesenden verdeckte. Nach dem Schlusssegen des Papstes schaltete die Regie zu langsam. So kamen für einige Augenblicke auch zahlreiche Hände ins Bild, Zeige- und Mittelfinger zum V-Zeichen erhoben. Christus siegt!

Zwölf Millionen Menschen schätzungsweise haben sich in diesen acht Tagen auf den Weg gemacht, um dem Papst nahe zu sein. Viele waren tage- und nächtelang unterwegs, mit allen möglichen Verkehrsmitteln oder auch einfach zu Fuss. Bei sehr wechselhaftem Wetter, das in den ersten Tagen auch ein wenig zu einer Moll-Stimmung beitrug. Doch schon die erste Eucharistiefeier zeigte, wie es weiter gehen sollte. Vor vier Jahren war auf dem Warschauer Siegesplatz eine Viertelmillion versammelt, diesmal im Stadion

Zwölf Millionen haben sich auf den Weg gemacht, um dem Papst in den acht Tagen seiner zweiten Heimatreise nahe zu sein. Im Warschauer Stadion versammelte sich eine Million zur ersten Eucharistiefeier auf dieser Reise.

eine Million. 900 000 in Posen, fast das Doppelte der Einwohnerzahl; das ganze Umland, Wiege der ersten landwirtschaftlichen Gewerkschaft, strömte auf den Kulturpark in der Stadtmitte, zur Messfeier und Seligsprechung der Ordensgründerin Ursula Ledochowska. Die Arbeiter von der Baltischen Küste, wo die Regierung den Papst nicht haben wollte, kamen zu ihm nach Tschenstochau. Der würdigte ihr Zeugnis: «Die ganze Welt hat aufgehorcht, als der polnische Arbeiter sich selbst und seine Rechte mit dem Evangelium in der Hand und einem Gebet auf den Lippen verteidigte.» Eineinhalb Millionen auf der Rennbahn in Breslau, mit Schirmen, diesmal gegen die sengende Sonne, und «voller Hunger und Durst nach Gerechtigkeit». Der Papst bestärkte sie in ihrem Sinn für die Würde der Arbeit und für Solidarität. Er mahnte sie zu gegenseitigem Vertrauen, Niederschlesien ist auch eine «heisse Zone» und von der Regierung gefürchtet. «Das Fundament des Vertrauens ist die Wahrheit und die Wahrheit ist auch die Kraft der Liebe. In der Kraft der Liebe ist der Mensch bereit, auch die schwerste und forderndste Wahrheit anzunehmen.» Auf dem alten Flughafen im oberschlesischen Bergbaugebiet um Kattowitz wieder mehr als eine Million; Johannes Paul II. bekräftigte die kirchliche Lehre des Rechts auf Gewerkschaftsbildung und anerkannte, gerade die Bergarbeiter verteidigten ihre Rechte aus einem tiefen moralischen Bewusstsein. Krakau natürlich wusste die Reihe von Höhepunkten noch zu steigern; die ehemalige Bischofsstadt, das ganze Bistum des zum «Pfarrer der ganzen Welt» gewordenen Papstes feierte ihn mit nicht zu überbietender Begeisterung. Aus der mehr als zwei Millionen zählenden Menge auf der Blonie-Wiese, nach der Messfeier mit Seligsprechung zweier Ordensmänner (die als Jugendliche beim Januaraufstand von 1863 gegen den Zar teilgenommen, dafür bitter bezahlt und später ihre geistliche Berufung entdeckt hatten) zogen viele hinaus nach Nowa Huta. In dieser sozialistischen Musterstadt, die ohne Gotteshäuser wachsen sollte, weihte der Papst eine weitere neue Kirche zu Ehren des heiligen Maximilian Kolbe ein.

«Die Jahrhunderte und vielleicht noch mehr die letzten Jahrzehnte bestätigen, dass die Kirche in Polen in tiefer Verbindung mit der Nation lebt.» Der Papst sagte es vor der Vollversammlung der Bischofskonferenz, der er bestätigte, sie stelle sich der Wahrheit als einem in der heutigen Gesellschaft zutiefst empfundenen Bedürfnis. «Die Wahrheit ist die erste und grundlegende Bedingung der gesellschaftlichen Erneuerung. Ohne sie kann man nicht von sozialem Dialog reden, den die Bischöfe mit gutem Recht verlangen und den die Gesellschaft erwartet.»

Die Zerrissenheit des Landes, der Bevölkerung ist überwunden. Kaum ein Pole, der sich nicht mit dem identifiziert, was der Papst in seinen 22 Ansprachen und Predigten immer wieder gefordert hat: Uneingeschränkte Souveränität des Vaterlandes, Wiederaufnahme des Dialogs zwischen Staatsmacht und freien gesellschaftlichen Gruppierungen im Geist des Danziger Abkommens vom August 1980 und Öffnung zu einer guten Zusammenarbeit mit dem Westen. In Warschau wandte er sich indirekt, aber deutlich an die Unterzeichnermächte von Yalta: «Das Los Polens im Jahre 1983 kann den Nationen der Welt, insbesondere Europas und Amerikas nicht gleichgültig sein.» Der erste slawische Papst sieht eine seiner spezifischen Aufgaben gerade auf jenem Grenzgebiet, aus dem er stammt. Im Grunde genommen hat er nur die wesentlichen Aussagen wiederholt, die seine bisherigen siebzehn Reisen über die Grenzen Italiens hinaus und seine bisher 36 italienischen Pilgerfahrten bestimmt haben: es ist immer die gleiche Wahrheit des Evangeliums. Vorgetragen mit einer «Kraft, die von Christus kommt und stärker ist als jede menschliche Schwäche, als jede noch so heikle Situation, Übermacht nicht ausgeschlossen.» In Polen hat er damit das Gespenst der Apathie und Resignation verscheucht und die Seelen mit Mut und Begeisterung erfüllt.

Untergang des Abendlandes wegen überkommener und fortdauernder Streitereien? Mahnende Worte des Papstes in Breslau: «Das Fundament des Vertrauens ist die Wahrheit und die Wahrheit ist auch die Kraft der Liebe. In der Kraft der Liebe ist der Mensch bereit, auch die schwerste und forderndste Wahrheit anzunehmen.»

Das polnische Volk weiss, woher das Heil kommt. Nicht nur das übernatürliche. Kirche und Staat, einmalig in einer Welt der strikten Trennung von Geistlichem und Weltlichem, haben sich zum Abschluss des Papstbesuches nicht nur symbolisch die Hände gereicht. Die kommunistische Staatsführung hat sich der Realität gebeugt und ihre Bereitschaft zu realistischen Lösungen bekundet. Ein direkter Dialog mit der verbotenen Gewerkschaft sei zwar nicht möglich, so der Regierungssprecher, doch mit den Millionen von Arbeitern und ihren neuen Bewegungen ja.

Ohne die Kirche läuft in Polen gar nichts. Das weiss heute jeder – und insofern ist es dem Papst auch gelungen, sich in seinem Heimatland zum Sprecher der ganzen Weltkirche zu machen. Die praktische Glaubensfreiheit – die einzige, die den Polen seit Ausrufung des Kriegsrechts noch verblieben war – soll in absehbarer Zeit völkerrechtlich garantiert, die Eigenständigkeit der Kirche und ihrer Rolle im Staatswesen durch ein vatikanisch-polnisches Abkommen geregelt werden. Die ungebrochene Glaubenskraft des Volkes hat gesiegt. Die vatikanische Diplomatie lächelt. Kardinalprimas Glemp dankte dem Papst vor dem Abflug: «Du hast ein Polen der Freude bereitet, und diese Freude lassen wir uns nicht mehr nehmen.»

Viele zogen von Krakau hinaus nach Nowa Huta. In dieser sozialistischen Musterstadt, die ohne Gotteshäuser wachsen sollte, weihte der Papst eine weitere neue Kirche zu Ehren des heiligen Maximilian Kolbe ein.

Ich glaube

Ich glaube an Gott, den Allmächtigen, den Vater! Karol Wojtyla betet dieses Credo täglich, auch mehrmals. Er lebt aus ihm, wie unzählige Menschen auf der Welt.

Ich glaube an das Gute im Menschen. Karol Wojtyla spricht es ständig an, aktiviert es, versucht so, dem Bösen im Menschen entgegenzuwirken. Das Böse sucht Ausflucht, gelegentlich auch Zuflucht. Durch seine Appelle an das Gute, seinen unerschütterlichen Glauben an das Gute, schenkt der Papst vielen Menschen die Freiheit vom Bösen. Das gilt, gewissermassen vor der vatikanischen Haustür, für die Opfer der italienischen Entführungsindustrie. Das gilt für Menschen in aller Welt, die in Knechtschaft leben.

Karol Wojtyla betet das Credo und lebt es. Sein Glaube ist nicht formalistisch. Erschöpft sich nicht in menschlichen (kirchlichen) Richtlinien – wie bei vielen Gläubigen. Die «glauben», mit sonntäglichem Kirchgang und kleinem oder grösserem Opfer eine himmlische Lebensversicherung abgeschlossen zu haben.

Zweifel gibt es für Karol Wojtyla nicht. Er selbst hat keine und lässt keine Zweifel.

«Es gibt nur ein Problem», sagt er der französischen Jugend. «Entweder ist man seiner christlichen Taufe treu oder nicht. Der christliche Glaube ist wesentliche Grundlage unserer Kultur.»

Dieses christliche Credo verteidigt Grundwerte menschlichen Zusammenlebens, auch für Nichtglaubende. «Eine atheistische Ideologie kann nicht Richtschnur beim Einsatz für soziale Gerechtigkeit sein, denn sie nimmt dem Menschen seine Freiheit, die geistige Anregung und die Kraft der Liebe zum Bruder, die in der Gottesliebe ihr stärkstes Funda-

ment hat.» Papstworte an die Bischöfe der mittelamerikanischen Republik Nicaragua. Antworten auf die inneren Kämpfe vieler anderer Staaten und Völker.

Kirche ist für Karol Wojtyla eine Institution des Dienens. Er selbst lebt das Dienen vor, – der Römischen Kurie und den Bischöfen in aller Welt. Allen Christen, Halbchristen und Nichtchristen. «Die Kirche arbeitet überall mit, wo es um die Hebung des sittlichen und menschlichen Niveaus geht. Ihre Hauptaufgabe ist, das Gewissen des Menschen zu formen, damit er entsprechend dem göttlichen Gesetz handelt und somit die Rechte und die Würde des Mitmenschen achtet.»

Karol Wojtyla stellt dem Menschen Gewissensfragen. Immer wieder. «Frankreich, älteste Tochter der Kirche, bist du deinem Taufversprechen treu geblieben?»

Taufe ist Erneuerung, will Erneuerung sein. Pfingstwehen. Karol Wojtyla will dem Heiligen Geist helfen, das «Angesicht der Erde zu erneuern».

Das ist die missionarische Kirche. Der Missionar denkt in anderen Kategorien als der Manager. Sein Erfolg ist nicht Effekthascherei. Er ist kein Volkstribun. Ihn stört der Triumphzug. Er sieht kein leichtes Christentum.

Karol Wojtyla, der Missionar, hat das Charisma, unbequeme Wahrheiten freundlich zu sagen. Und was er zu sagen hat, sagt er gern im Stehen. Gerade auf seinen Reisen hält er seine langen Ansprachen im Stehen. In Paris rief ihm die Menge zu: «Bleiben Sie doch sitzen.» Man hatte das Mikrophon so eingestellt, dass er im Sitzen sprechen konnte, und über Mikrophon hatte die Menge sein Flüstern gehört: «Aber ich muss doch aufstehen.» Und er stand auf, selbstverständlich.

Er lässt sich seine Müdigkeit selten anmerken. Einmal, auf dem Rückflug nach Rom, wirkte er sehr abgespannt. Von Journalisten darauf angesprochen, bekannte er, etwas schwach auf den Beinen zu sein. Doch hinter ihm stehe ein Höherer, und von ihm erhalte er die nötige Hilfe.

Seine langen Predigten und Ansprachen hält der Papst – wie hier in Rio de Janeiro – immer im Stehen. Er lässt sich seine Müdigkeit selten anmerken. «Hinter mir steht ein Höherer, von ihm erhalte ich die nötige Hilfe.»

Ich bete

Sein letztes Geheimnis ist das Gebet – sein eigenes und das vieler Menschen in aller Welt.

Er kann todmüde sein, doch zum Gebet findet er immer Zeit. In Fulda beispielsweise kniete er eine halbe Stunde auf dem Boden der Kapelle des Bischofshauses. Elf Uhr abends. Nach einem anstrengenden Tag und dringendem ärztlichen Rat zur Ruhe. Er war mit Nasenbluten aus Mainz gekommen, hatte sich nach gedrängtem Tagesprogramm abends mit den Bischöfen zusammengesetzt, verabschiedete sich von ihnen mit der Entschuldigung nötiger Ruhe, ging in Wirklichkeit in die Küche und dankte dem Personal, wollte zu Fuss vom Seminar zum Bischofshaus gehen, wurde aber von den für seine Gesundheit und Sicherheit Verantwortlichen ins Auto gesetzt, hörte sich den Jugendchor an, der ein polnisches Marienlied vortrug, wehrte den Hinweis auf die späte Stunde ab und forderte den Chor auf, alles zu singen, was er einstudiert hatte, zog sich schliesslich zurück – und erschien dann wieder in der Kapelle. Holte sich Kraft für den nächsten Tag.

Der «Sportler Gottes», wie ihn Kardinal Marty nannte, verbindet das Gebet gern mit physischer Anstrengung. Auch zu Hause im Vatikan kniet er am Abend lange in der Kapelle. Nicht auf einer Kniebank, sondern auf blankem Boden, ohne jede Stütze. Er tut das aber nur im kleinen Kreis. Vermutlich aus Scheu, man könnte darin eine Show vermuten. Wer ihn näher kennt, merkt das innere Bedürfnis, sich vor Gott ganz klein zu machen. Fiele es nicht auf, würde er sich immer neben statt auf die oft prunkvollen Betschemel knien, die man für ihn bereitstellt.

Den eigenen Körper beherrschen, empfiehlt er der Jugend. Sport sei ein gutes Hilfsmittel. Er selbst ist eine Art Marathonläufer der Evangelisation. In Paris war er am 1. Juni 1980 sechzehneinhalb Stunden lang unterwegs, bevor er um Mitternacht die Sacre-Cœur-Kathedrale auf dem Montmartre erreichte. Seit einem Jahrhundert wird dort Tag und Nacht vor ausgestelltem Allerheiligsten für die Nachfolger Petri gebetet. Petrus-Nachfolger Karol Wojtyla kniete sich nach seiner Ankunft auf die Altarstufen und verharrte lange Zeit im stillen Gebet.

Er betet täglich den Rosenkranz, seit den Jahren, in denen er den Weg zum Priestertum gefunden hat. Christen im Wohlstand mag der Rosenkranz als eintönig erscheinen. Wer die Gläubigkeit Polens erlebt hat, von der Inbrunst des abendlichen Rosenkranzes auf dem Jasna Gora in Tschenstochau angesteckt wurde, hat etwas von dem erahnt, was gerade dieses marianische Gebet für Menschen bedeutet, die in Not und Unfreiheit leben.

An jedem ersten Samstag des Monats betet Karol Wojtyla den Rosenkranz «öffentlich». Radio Vatikan strahlt ihn seit Jahren jeden Abend aus. Es war besonderer Wunsch dieses Papstes, wenigstens einmal im Monat den Rosenkranz persönlich vorzubeten. Als er es zum erstenmal, nach dem Attentat, nicht konnte, am ersten Juni-Samstag 1981, bat er den Prager Kardinal Frantisek Tomásek, der gerade in Rom weilte, an seiner Stelle Vorbeter zu sein. Gewiss nicht von ungefähr. Es war Pfingstsamstag. Vorabend der ökumenischen Feier der Konzilien von Konstantinopel und Ephesus, zu denen der Papst nach Rom geladen hatte. Auch die Vertreter der orthodoxen und reformatorischen Kirchen nahmen am Rosenkranzgebet teil. Unzählige Menschen in Ländern der Unterdrückung haben es mitgebetet.

«Es muss uns wieder gelingen zu beten, um verzeihen zu können», sagte Mutter Teresa nach dem Attentat auf den Papst. Die weltweite Antwort war in der Tat das Gebet.

Sein letztes Geheimnis ist das Gebet – sein eigenes und das vieler Menschen in aller Welt.

Ich leide

Die Päpste haben bisher im Plural geredet. «Wir» sagen, dekretieren, exkommunizieren. Der majestätische Plural hatte seinen Sinn in seiner Zeit. Auch heute. «Wir» ist Wunsch nach Gemeinschaft, Katholizität. Johannes Paul I., der 33-Tage-Papst, gebrauchte das herkömmliche «Wir» nur noch bei offiziellen Anlässen, in feierlichen Dokumenten. Karol Wojtyla hat vom Beginn seines Amtes als Papst an «ich» gesagt: ich nehme die Wahl an, ich tue alles was Gott von mir verlangt, ich bete – und leide.

Eine neue Antwort auf den Egoismus. Nicht: ich will haben. Sondern: ich will dienen. Ich setze mich ein. Und wo ich nichts tun kann, weil mir die Macht des Bösen entgegensteht, bleibt mir immer noch das Gebet. Und das Leid.

Sein Dienstamt steht im Zeichen des Leidens. Spiegelbild der heutigen Menschheit. Der Grossteil der Menschen leidet: unter Unfreiheit, Hunger, Krankheit.

Doch auch die Privilegierten leiden unter Stress, uneingestandener Sinnlosigkeit ihres Rennens nach irdischen Gütern, unter der Angst, sie könnten ihnen genommen werden. «Ich will mein Amt vornehmlich auf jene aufbauen, die leiden.» Karol Wojtyla sagte es am Tag nach seiner Wahl zum Papst. Denn seine Wahl war mit dem Leid verbunden. Sein langjähriger Freund Andrzej Maria Deskur, Präsident der Päpstlichen Kommission für die soziale Kommunikation, war am Vorabend schwer erkrankt. Der vatikanische Medienchef hatte ihn bei seinen Rombesuchen als Erzbischof von Krakau in die Mechanismen der Römischen Kurie eingeweiht. Hatte ihm aufgezeigt, dass vatikanisches Denken weltweites Denken ist, dass ein Primas von Polen nicht unbedingt alles richtig sieht, dass Rom Zentrum ist.

Man sagt, Karol Wojtyla sei ein Schauspieler. Er war in seiner Jugend Laienspieler. Er hat manches von dieser Erfahrung in sein Amt als Papst mitgebracht, aber er macht keine Show.

Das Zusammentreffen ist merkwürdig: da wird nach 455 Jahren erstmals wieder ein nichtitalienischer Papst gewählt – und sein Landsmann und langjähriger Freund, vatikanischer Medienbischof, erkrankt. Dabei hätte er ihm, menschlich gesehen, soviel helfen können. Aber vielleicht ist das Mediengeschrei doch nicht alles...

Denkwürdig auch jenes andere Zusammentreffen: Während Karol Wojtyla in der römischen Gemelli-Klinik lag, verlöschten in Warschau die letzten Kräfte des polnischen Primas, Kardinal Stefan Wyszynski – zu einem Zeitpunkt äusserster Krisenlage des Landes.

Am 25. Mai 1981 führten Papst und Primas das letzte Gespräch in dieser Welt – telephonisch. Beide vom Krankenbett aus. Drei Tage später, am Fest der Himmelfahrt des Herrn, starb der 79jährige Kardinalerzbischof von Gnesen und Warschau. Am selben Tag richtete der Papst an die Kirche in Polen eine handschriftliche Botschaft:

«*Ich schreibe sie aus tiefstem Bedürfnis des Herzens und des Glaubens. Ich kann dieses Zeugnis nicht so geben, wie ich möchte. Ich hoffe, dass Gott mir meine Kräfte wieder gibt und mir eine günstige Gelegenheit bietet, damit ich es in der Art tun kann, die ich empfinde. Ihr sollt wissen, dass es mein Wunsch gewesen wäre, in dieser Stunde der Trauer, des Schmerzes und des Beileids, aber auch der*

Sein Dienstamt steht von Anfang an im Zeichen des Leidens. Oft leidet er auch unter dem, was er sich auf seinen Pastoralreisen von seinen staatlichen Gastgebern anhören muss.

Hoffnung und des Glaubens bei euch zu sein, um persönlich dem Primas die letzte Ehre zu erweisen. Gott hat anders entschieden. Sein heiliger Name sei gepriesen. Ich vereinige mich mit euch im Schmerz und im Gebet, in der Annahme des göttlichen Willens und in der Hoffnung.»
In einer Welt voller Egoismus, der den Menschen um seiner selbst willen absolut setzt, Kranke, Alte, Behinderte an den Rand drängt, unerwünschte Kinder «beseitigt» – in dieser Welt ist das Zeugnis des Leidens wesentlich. Bei allen Audienzen, auf allen Reisen, während der Pfarrbesuche im Bistum Rom hat Karol Wojtyla immer die Begegnung mit Kranken und Behinderten gesucht, ihnen Worte des Trostes gesagt, ihren Anteil am göttlichen Heilsplan gewürdigt und für sie gebetet.
Vier Tage nach dem Attentat – und noch nicht ausser Lebensgefahr – hat er seinem Attentäter vor aller Welt vergeben. Aus der Intensivstation der katholischen Universitätsklinik «Agostino Gemelli» sprach er mit Anstrengung, aber erstaunlich kräftig über den Vatikanischen Rundfunk:
«Gelobt sei Jesus Christus! Liebe Brüder und Schwestern! Ich weiss, dass ihr mir in diesen Tagen und besonders in dieser Stunde des «Regina Caeli» verbunden seid. Tief bewegt danke ich für Eure Gebete und segne euch alle. Besonders verbunden bin ich den beiden Pilgern, die mit mir verletzt wurden. Ich bete für den Bruder, der mich verwundet hat und dem ich aufrichtig verzeihe.
Christus verbunden, der Priester und Opfer zugleich ist, opfere ich meine Leiden auf für die Kirche und für die Welt. Dir, Maria, verspreche ich wiederum: ‹Totus tuus ego sum› (Ganz Dein bin ich).»
Dieses «Totus Tuus» hat für Karol Wojtyla eine unermess-

Sobald er, wie bei der offiziellen Begrüssung durch die staatlichen Autoritäten, Waffen sieht, verfinstert sich sein Gesicht.

lich tiefe Bedeutung. Er wurde an dem Tag schwer verletzt, an dem die katholische Kirche der Erscheinung der Gottesmutter in Fatima gedenkt.

Seine in Kindheits- und Jugenderlebnissen wurzelnde Marienverehrung ist so unerschütterlich, so überzeugend, dass sie auch manchen zu denken gibt, die im Marienkult ein Hindernis auf dem Weg der reformatorischen und katholischen Christen zueinander sehen. In jenen Wochen des Leidens aber hat sich sein Wahlspruch «Totus Tuus» dem seines Mentors genähert: «Soli Deo». Auch Primas Wyszynski war ein glühender Marienverehrer. Kniete stundenlang vor dem Gnadenbild der Schwarzen Madonna von Tschenstochau. Erbat und erhielt von ihr Gnaden für sein Volk. Doch sein Wahlspruch lautete von Anfang an: «Nur für Gott allein.» Alles nur zur Ehre Gottes.

Das lange Hineingeworfensein in die Untätigkeit, ins Leid, hat Karol Wojtyla noch mehr geläutert. Für einen Mann von so guter Konstitution und Widerstandsfähigkeit, der nie krank war, bedeutete allein der Aufenthalt im Krankenhaus Leid. Für ihn, der so grossen Wert auf seine Privatsphäre legt, war es zudem nicht angenehm, sich in den Kommuniqués «seziert» zu sehen. (Diese Mitteilungen gingen bisweilen schon sehr ins Detail, und einige der behandelnden Ärzte nutzten die Gelegenheit zur Selbstdarstellung nicht immer taktvoll).

Am meisten hat er darunter gelitten, seinem pastoralen Gedrängtsein nicht nachgeben zu können. Genau drei Wochen nach dem Attentat drängte es ihn aus der Klinik. Er wollte zur gleichen Stunde – Mittwoch, Tag der Generalaudienz, der Begegnung mit den Gläubigen und Touristen, des Mordversuchs durch den Attentäter – in den Vatikan zurückkehren, zu der er ihn schwerverletzt verlassen musste.

Nach seiner erneuten Einlieferung ins Krankenhaus bekannte er mit fieberheisser und müder Stimme seine «demütige Verfügbarkeit und vertrauensvolle Hingabe».

Seine noch intensivere Begegnung mit dem Leid bewirkte eine womöglich noch stärkere Verinnerlichung und Hinwendung auf Christus. Mit wachsender Betonung der Opferbereitschaft.

Er wollte in Lourdes sein, beim Eucharistischen Weltkongress. In jener französischen Stadt, die Ziel unzähliger Kranker ist, die sich von der Gottesmutter Genesung erhoffen.

Von seinem Krankenbett aus sagte Karol Wojtyla:

Jesus wollte bei uns bleiben, um uns in unseren täglichen Prüfungen und Sorgen zu trösten und zu helfen, dass wir das Leben mit seiner Last an Leid, Ungerechtigkeit und Beschwerden annehmen. Er ist bei uns, um im Kampf gegen jede Äusserung des Bösen auf der Erde zu helfen und unseren Eifer anzuspornen, damit wir die Geschichte auf Ziele hinlenken, die menschenwürdiger sind.»

Ich hoffe

Da war wieder einmal Krieg. Im Südatlantik. Ein kleiner Krieg, wenn man so will, dennoch mit Toten und Verwundeten, Witwen und Waisen, in Nationen, die befreundet sein sollten.

Der Papst bat die britischen und argentinischen Kardinäle für den 22. Mai 1982 nach Rom zu einer Eucharistiefeier im Petersdom für den Frieden. «Unser gemeinsamer Wunsch ist», fasste er zusammen, «dass die Anstrengungen einer ehrenhaften Beilegung der Auseinandersetzung in Verhand-

«Jesus ist bei uns, um im Kampf gegen jede Äusserung des Bösen auf der Erde zu helfen und unseren Eifer anzuspornen, damit wir die Geschichte auf Ziele hinlenken, die menschenwürdiger sind.»

lungen weitergeführt werden. Wir bekräftigen unsere Überzeugung: Der Friede ist Pflicht, und er ist möglich. Für uns Christen zumal ist der Friede, als Gabe Christi, eine Aufgabe.»

Gott habe den Menschen mit der Gabe der Vernunft ausgestattet, mit der Fähigkeit, Gut und Bös zu unterscheiden, die eigenen Rechte mit denen des Nächsten in Einklang zu bringen. Karol Wojtyla wiederholte den Appell Pius' XII. vom Vorabend des Zweiten Weltkrieges: Nichts ist verloren mit dem Frieden, alles kann verloren sein mit dem Krieg. «Gebe Gott, dass dieser Aufruf menschlicher und christlicher Weisheit die Geister und Herzen aller erreicht, in Argentinien wie in Grossbritannien. Dass der gegenseitige gute Wille der Verantwortlichen im Streben nach dem wahren Wohl der beiden Völker die gegenwärtigen Spannungen überwindet und dazu führt, dass Gerechtigkeit und Frieden sich umarmen.»

Nach der Friedensmesse machten sich die anwesenden katholischen Oberhirten aus den beiden kriegführenden Ländern in einer gemeinsamen Erkärung die «Botschaft der Hoffnung» des Papstes mit der Versicherung ihres persönlichen Einsatzes als Zeugen des Friedens und der Versöhnung zu eigen.

Die lange vorbereitete Pastoralreise des Papstes nach England, Schottland und Wales stand an. Zu ihrer Vorbereitung hatten der Heilige Stuhl und Grossbritannien im Frühjahr nach 450 Jahren Bruch wieder reguläre diplomatische Beziehungen aufgenommen. «Was soll ich tun» fragte der Papst die Bischöfe. «Kommen», antworteten sie. Doch so sicher war das noch nicht.

Gegen Mittag des gleichen Tages empfing der Papst die beim Vatikan akkreditierten Journalisten. Es war der Vorabend des katholischen Welttages der sozialen Kommunikation. Als ihr Präsident stellte ich Johannes Paul II. fast alle Teilnehmer persönlich vor. Die Begegnung gestaltete sich so zu einer Art Pressekonferenz, in dem Sinne, dass die Kollegen durch das persönliche Gespräch «Exklusiv-Interviews» bekamen. Ihre Fragen an den Papst kreisten selbstverständlich um den Falkland-Konflikt und das Ja oder Nein der beabsichtigten Reise nach Grossbritannien. Die Antworten Karol Wojtylas waren, bei aller Besorgnis, ein einziger Strahl der Hoffnung. In den verschiedensten Sprachen, Spanisch und Englisch vor allem, aber auch Italienisch, Deutsch, Französisch und Russisch, wiederholte er ständig, mit auf den Gesprächspartner eingehenden Nuancen: «Wir Christen haben ein Gebot, vor allem ein Gebot – ‹Liebe und Hoffnung›.»

Der Pastoralbesuch auf der britischen Insel fand so statt, wie er geplant war. (Nur die vorgesehene Aussprache mit der Regierungschefin fiel in die Themse bzw. in den Südatlantik). Und unmittelbar darauf machte der Papst einen Blitzbesuch in Argentinien. Die Hoffnung fand Erfüllung. Den Krieg – der Papst ist Realist genug – konnte er nicht vorzeitig beenden, das liegt nicht in seiner Macht.

Aber er war «Pilger und Prophet, hat mit seiner Einfühlsamkeit und Menschlichkeit die Herzen gewonnen, in überzeugender Form darüber gesprochen, was Gott von uns will» (Erzbischof Robert Runcie von Canterbury, im Namen der Kirche von England und der etwa 70 Millionen Anhänger der Anglikanischen Gemeinschaft). «The Times», britisches Weltblatt mit Einfluss und Renommée: «Jetzt, nachdem der Papst abgereist ist und seine Botschaft des guten Willens rundgeht, erscheint deutlich, dass sein Besuch ein echter Erfolg war.»

Nun ist dem Papst natürlich jedes irdische Erfolgsdenken fern. Nicht ganz. Ganz ohne diesseitige Bestätigung geht es nicht. Ohne die kollegiale Zustimmung und Mitwirkung der Brüder im Bischofsamt geht es nicht. Ohne ihren Mut, das Angestossene weiterzumachen, schon gar nicht.

Journalisten gegenüber ist der Papst sehr aufgeschlossen. Bei den «fliegenden» Pressekonferenzen auf der Reise über die Meere und Kontinente hinweg weicht er keiner Frage aus, antwortet klar und überzeugend in allen nur möglichen Sprachen.

Ich vergebe

«Gibt es denn gar nichts mehr, vor was diese Teufelsgesellen zurückschrecken? Sind doch die beiden letzten Päpste als seelische Martyrer gestorben, muss nun der jetzige Heilige Vater auch noch sein Blut als Martyrer vergiessen? Und man braucht diesen Mann doch so notwendig. Wenn es in allem eine Wende geben soll, dann nur durch ihn. Oder ist dies zur Vollendung seines Lebenswerkes notwendig? Wir wissen es nicht. Gott schreibt auch auf krummen Wegen gerade. Hoffen und beten wir um eine gute Wende.»
Meine Mutter, 80jährig, schrieb mir das am 13. Mai 1981 in ihrer Erschütterung über das Attentat. Im Vatikan trafen unzählige ähnliche Botschaften, Briefe, Telegramme der Anteilnahme, Erschütterung, Verurteilung, Hoffnung, Gebetsversicherung ein.
«Warum?» fragte fünf Tage später während eines Fürbittgottesdienstes im Petersdom auch der Kardinaldekan Carlo Confalonieri. Er stammt aus Seveso, das heute wegen Umweltverschmutzung in aller Mund ist, musste als 85jähriger rangältester Purpurträger kurz hintereinander zwei Päpste beerdigen und fürchten, ein dritter käme dazu. «Warum den Papst angreifen, diesen wehrlosen Verkünder des Evangeliums, diesen Verteidiger der Menschenwürde, diesen unermüdlichen Zeugen des Friedens und der Liebe auf den Wegen dieser Welt? Warum die Hand erheben, die bewaffnete Hand der Gewalt und des Hasses gegen ihn, der seine eigene Hand nur ausstreckt, um Kinder, Kranke, Behinderte und alle, die zu ihm kommen, zu trösten und zu segnen? Warum?»
Confalonieri war Privatsekretär Pius' XI., der gegen Faschismus und Nazismus kämpfte. Bischof in Aquila und damit während des Zweiten Weltkrieges zuständiger Seelenhirte für ein Gebiet, in dem die SS den «Duce» befreite und die Bewohner eines ganzen Dorfes niedermetzelte. «Die Frage nach dem Warum findet keine Antwort aus der Vernunft. Sie verliert sich im Dunkel des Absurden. Das Geheimnis des Bösen bleibt allen Versuchen, es mit menschlicher Vernunft zu durchdringen, verschlossen. Trost findet das beunruhigte und bedrängte Herz nur im Wort Christi, das uns gerade heute erneut in den Ohren klingen muss: Ich bin der Gute Hirte. Der Gute Hirte gibt sein Leben für seine Schafe. Er verlässt seine Herde nicht.» Der greise Kardinaldekan, dessen aufrechter, geradliniger Gang über den Petersplatz selbst die unter den Kolonnaden Lungernden aufschauen lässt, der den Papst in seinen Kliniktagen täglich besuchte, bestätigte dessen Realismus. Gelebt in der Nachfolge Christi und im Bewusstsein dessen, was der Apostel Paulus geschrieben hat: «Deswegen bejahe ich meine Ohnmacht, alle Misshandlungen und Nöte, Verfolgungen und Ängste, die ich für Christus ertrage; denn wenn ich schwach bin, dann bin ich stark.»
Den Dämpfer erhielt er prompt. Der Papst ist auch nur ein Mensch, wenn er auch Stellvertreter Christi ist. Als solcher wollte er an Pfingsten 1981 dem Heiligen Geist ein bisschen nachhelfen. Man beging im Petersdom die 1600-Jahrfeier des Ersten Konzils von Konstantinopel. Diese, vom Apostelkonzil abgesehen, zweite Kirchenversammlung der Jünger Christi erkannte endlich das Wirken des Heiligen Geistes und reihte diese unbekannte Grösse in die Dreifaltigkeit göttlichen Wirkens ein. Unterschiedliche Meinungen gab es schon unter den Zwölfen. Auch einen Verräter. Kirchenversammlungen, Konzilien wollten, sollten die unterschiedlichen Meinungen klären, die schon entstehen, wenn zwei oder drei Menschen über das Wetter reden.
Der Mensch Karol Wojtyla glaubte, das Erscheinen des Papstes allein, seine leidgeprüfte Stimme bewirke alles. Natür-

Vergebung und Segen sind die «Waffen» dessen, der sich waffenlos als Bote der Liebe und Hoffnung aller Welt stellt.

lich haben sich alle umgedreht, als im Petersdom verkündet wurde, der Papst wolle «von hinten» (weil der Weg von seinem Appartement kürzer ist) ein paar Worte sagen.
Sein Weg ging einige Tage später wieder in die Klinik. Virus-Infektion. Und erst viele Wochen später konnte er geheilt am Petrusgrab und an den Gräbern seiner unmittelbaren Vorgänger beten. Und bekennen: «Ich danke Gott für die Rückkehr nach Hause, dem heiligen Petrus, der seinem Nachfolger fürbittend beigestanden ist, und der Gottesmutter, die mir geholfen hat.»

Das Weltgeschehen lässt ihn oft sehr ernst und nachdenklich werden. Um so mehr müht er sich ab als Pilger und Prophet echter Menschlichkeit und Brüderlichkeit.

Kraftvolles Glaubenszeugnis notwendig
Gebet Johannes' Pauls II. vor dem Gnadenbild in Altötting

Altötting, 18. November 1980

Sei gegrüsst, Mutter der Gnaden von Altötting!
Seit einigen Tagen führen mich meine Wege als Pilger durch die geschichtsreichen deutschen Lande auf den Spuren des Christentums, das schon zur Zeit der Römer hierher gelangt ist. Der heilige Bonifatius, der Apostel Deutschlands, hat den christlichen Glauben unter den jungen Völkern erfolgreich verbreitet und seine Missionsarbeit durch den Märtyrertod besiegelt.
Mein Schritt ist schnell, das Programm der Pilgerfahrt gedrängt, so dass ich nicht alle Orte besuchen kann, zu denen mich ihre historische Bedeutung und die Neigung des Herzens führen möchte. Es gibt so viele wichtige und hervorragende Stätten!
Heute, da ich für wenige Stunden hier in Altötting weilen darf, wird mir erneut bewusst, wie sich auch die Wege meiner jetzigen Pilgerreise mit dem Bekenntnis des Glaubens verbinden, welches die wichtigste Aufgabe des Petrus und seiner Nachfolger ist. Wenn ich Christus verkündige, den «Sohn des lebendigen Gottes», «Gott von Gott» und «Licht vom Licht», «eines Wesens mit dem Vater», dann bekenne ich zugleich mit der ganzen Kirche, dass er Mensch geworden ist durch den Heiligen Geist und

geboren wurde von der Jungfrau Maria. Dein Name, Maria, ist untrennbar mit seinem Namen verbunden. Deine Berufung und dein Ja gehören fortan unlösbar zum Geheimnis der Menschwerdung.

Zusammen mit der ganzen Kirche bekenne und verkündige ich, dass Jesus Christus in diesem Geheimnis der einzige Mittler zwischen Gott und den Menschen ist; denn seine Menschwerdung hat den Kindern Adams, die der Macht der Sünde und des Todes unterworfen sind, die Erlösung und Rechtfertigung gebracht. Zugleich bin ich jedoch zuinnerst davon überzeugt, dass niemand so tief wie Du, die Mutter des Erlösers, in dieses machtvolle und überwältigende göttliche Geheimnis eingeführt worden ist; und niemand ist besser imstande, uns, die wir es verkünden und selbst daran teilhaben, leichter und klarer darin einzuführen als Du allein, Maria.

In dieser Glaubensüberzeugung lebe ich seit langem. Mit ihr gehe ich von Anfang an meinen Pilgerweg als Bischof jener Ortskirche, die der Apostel Petrus in Rom gegründet hat und deren besondere Sendung es immer war und noch heute ist, der «communio» zu dienen, das heisst der Einheit in der Liebe zwischen den einzelnen Ortskirchen und allen Brüdern und Schwestern in Christus.

Mit der gleichen Überzeugung komme ich heute hierher, an Deine Gnadenstätte in Altötting, Mutter der Gnaden, umgeben von der Verehrung und Liebe so vieler Gläubigen aus Deutschland und Österreich sowie anderen Gegenden deutscher Sprache; gestatte mir, diese Überzeugung aufs neue zu bekräftigen und Dir mit diesem Gebet vorzutragen.

Auch hier möchte ich Dir, unserer Mutter, die Kirche anvertrauen, da Du ja im Abendmahlssaal zugegen warst, als die Kirche durch die Herabkunft des Heiligen Geistes auf die Apostel sich offen kundgetan hat. Ich vertraue Dir heute vor allem die Kirche an, die seit vielen Jahr-

hunderten in diesem Land besteht und eine grosse Glaubensgemeinschaft bildet inmitten der Völker, die dieselbe Sprache sprechen. Dir, Mutter, empfehle ich die gesamte Geschichte dieser Kirche und ihre Aufgaben in der heutigen Welt: ihre vielfältigen Initiativen und ihren unermüdlichen Dienst für alle Landsleute in ihrem Vaterland wie auch für so viele Gemeinschaften und Kirchen in aller Welt, denen die Christen Deutschlands so bereitwillig und hochherzig Hilfe leisten.

Maria, die Du selig bist, weil Du geglaubt hast (vgl. Lk 1,45), Dir vertraue ich an, was das Wichtigste im Dienst der Kirche in diesem Land zu sein scheint: ihr kraftvolles Glaubenszeugnis gegenüber der heutigen Generation der Männer und Frauen dieses Volkes angesichts einer zunehmenden Verweltlichung und religiösen Gleichgültigkeit. Dieses Zeugnis möge stets die klare Sprache des Evangeliums sprechen und so einen Zugang zu den Herzen finden, vor allem der jungen Generation. Es ziehe die Jugend an und begeistere sie für ein Leben nach dem Bild des «neuen Menschen» und für die verschiedenen Dienste im Weinberg des Herrn.

Mutter Christi, der vor seinem Leiden gebetet hat: «Vater... alle sollen eins sein» (Joh 17,11–21) – wie sehr ist mein Weg durch die deutschen Lande gerade in diesem Jahr mit der drängenden und demütigen Sehnsucht nach Einheit unter den Christen verbunden, die seit dem 16. Jahrhundert getrennt sind! Kann einer inniger als Du wünschen, dass sich das Gebet Christi im Abendmahlssaal erfülle? Und wenn wir selbst dabei bekennen müssen, mitschuldig an der Spaltung geworden zu sein, und heute um eine neue Einheit in der Liebe und Wahrheit beten, dürfen wir dann nicht hoffen, dass Du, Mutter Christi, zusammen mit uns betest? Dürfen wir nicht hoffen, dass die Frucht dieses Gebetes zur gegebenen Zeit einmal das Geschenk jener «Gemeinschaft des Heiligen Geistes» (2 Kor 13,13) sein wird, die unerlässlich ist, «damit die Welt glaubt» (Joh 17,21)?

Dir Mutter, vertraue ich die Zukunft des Glaubens in diesem alten christlichen Land an; und eingedenk der Bedrängnisse des letzten furchtbaren Krieges, der besonders den Völkern Europas so tiefe Wunden zugefügt hat, vertraue ich Dir den Frieden in der Welt an. Unter diesen Völkern möge eine neue Ordnung entstehen, die sich auf die volle Achtung der Rechte einer jeden Nation und eines jeden Menschen in seiner Nation gründet, eine wahrhaft sittliche Ordnung, in der die Völker zusammenleben können wie in einer Familie durch den gebührenden Ausgleich von Gerechtigkeit und Freiheit. Dieses Gebet richte ich an Dich, Königin des Friedens und Spiegel der Gerechtigkeit, – ich, Johannes Paul II., Bischof von Rom und Nachfolger des heiligen Petrus – und hinterlasse es Deiner Gnadenstätte in Altötting zum bleibenden Gedenken. Amen.

Vor dem Gnadenbild in Altötting fasste er in einem Gebet die Anliegen seines Deutschlandbesuches zusammen. Das Wichtigste: ein kraftvolles Glaubenszeugnis ist notwendig!

Osterbotschaft 1983

Christus, unser auferstandener Herr, nimm in deine verklärten Wunden *die schmerzenden Wunden des heutigen Menschen* auf: jene, von denen man so sehr in der Öffentlichkeit spricht, aber auch jene, die in der verborgenen Stille des Herzens wehtun. Sie sollen Heilung finden im Geheimnis deiner Erlösung. Sie sollen zuheilen und vernarben durch die Kraft der *Liebe, die stärker ist als der Tod.*

In diesem Geheimnis:
– sind wir mit euch, die ihr Elend und Hunger leidet und mitunter den Todeskampf eurer Kinder mitansehen müsst, die euch um Brot bitten;
– wir sind mit euch, Millionen von Flüchtlingen, die ihr aus euren Häusern und aus eurem Vaterland vertrieben wurdet;
– wir sind mit euch, den Opfern des Terrors, die ihr in Kerkern oder Konzentrationslagern eingeschlossen seid, ausgezehrt durch Misshandlungen oder Torturen; wir sind mit euch, den Opfern von Menschenraub;
– wir sind mit euch, die ihr in täglicher Angst und Bedrohung durch Gewalt oder Bürgerkrieg lebt;
– wir sind mit euch, die ihr durch plötzliches Unglück leidet wie in diesen Tagen die Bevölkerung der altehrwürdigen Stadt Popayan, die von einem schweren Erdbeben heimgesucht worden ist;
– wir sind mit euch, den Familien, die ihr den Glauben an Christus mit Diskriminierungen oder Verzicht auf das Studium und die berufliche Laufbahn eurer Kinder bezahlen müsst;
– wir sind mit euch, Eltern, die ihr voller Sorge seid um die geistige Gefährdung oder gewisse Verirrungen eurer Kinder;
– wir sind mit euch, Jugendliche, die ihr entmutigt seid, weil ihr keine Arbeit, keine Wohnung und auch nicht die soziale Stellung findet, die ihr euch wünscht;
– wir sind mit euch, die ihr durch Krankheit, durch Alter oder Vereinsamung leidet;
– wir sind mit euch, die ihr, durch Angst und Zweifel verwirrt, um Licht für euren Verstand und Frieden für euer Herz bittet;
– wir sind mit euch, die ihr die Last der Sünde spürt und Christus, den Erlöser, um Gnade anfleht.

In diesem Geheimnis der Auferstehung:
– sind wir aber auch mit euch, die ihr in diesen Tagen neue Vorsätze für ein christliches Leben gefasst habt, indem ihr in die erbarmenden Arme Christi eure Zuflucht genommen habt;
– wir sind mit euch, den Bekehrten und Neugetauften, die ihr die Einladung des Evangeliums angenommen habt;
– wir sind mit euch, die ihr in den Familien und Gemeinschaften die Barrieren des Misstrauens durch Gesten der Güte und der Versöhnung zu überwinden sucht;

«Christus, unser auferstandener Herr, nimm in Deine verklärten Wunden die schmerzenden Wunden des heutigen Menschen auf. Sie sollen Heilung finden im Geheimnis Deiner Erlösung, vernarben durch die Kraft der Liebe, die stärker ist als der Tod.»

– wir sind mit euch, Menschen der Welt der Arbeit und der Kultur, die ihr euch darum bemüht, im Bereich eurer Tätigkeit Sauerteig des Evangeliums zu sein;
– wir sind mit euch, die ihr euch Christus geweiht habt; in einer besonderen Weise mit euch, die ihr euch, vor allem in Missionsländern, dafür einsetzt, den Brüdern und Schwestern die Frohe Botschaft von der in Christus erlösten Menschheit zu verkünden;
– wir sind mit euch, die ihr euren Glauben an Christus durch Leid und Verfolgung bezeugt und inmitten oft verborgener oder unbekannter Prüfungen die Kirche bereichert, indem ihr in der Stille betet, mit Geduld ausharrt, Vergebung und Bekehrung für eure Verfolger erbittet;
– wir sind mit euch, Menschen guten Willens in allen Völkern und Kontinenten, die ihr euch in irgendeiner Weise von Christus und seiner Lehre angezogen fühlt.

Wir sind mit allen schmerzenden Wunden der heutigen Menschheit, wir sind mit allen Erwartungen, Hoffnungen und Freuden unserer Brüder und Schwestern, denen Christus, der Auferstandene, Sinn und Wert gibt.

Die Kirche teilt heute die Botschaft von Ostern *mit allen Brüdern und Schwestern in Christus* und mit allen Menschen in der Welt. Wir sind mit euch insbesondere dort, wo es die den Gewissen angetane *Gewalt* nicht erlaubt, gemeinsam zu beten und Ostern zu feiern.
Nehmt alle die Worte dieser Botschaft bereit entgegen!
Es mögen die verschiedenen Sprachen sie verkünden. Und dort, wo diese es nicht vermögen, rede die *Sprache des Geistes,* der die Herzen unmittelbar heimsucht und in deren innersten Tiefe redet.»

Luitpold A. Dorn, Jahrgang 35, Allgäuer benediktinischer Schulung, hat den Auftrag der deutschen Bischöfe, die Berichterstattung über das Konzil zu gewährleisten, mit einer internationalen Zusammenarbeit der deutschsprachigen katholischen Nachrichtenagenturen im römischen Centrum Informationis Catholicum (CIC) verwirklicht und diese bedeutsame Drehscheibe weltweiter kirchlicher Informationsgebung fast zwei Jahrzehnte geleitet. Nach seiner einstimmigen Wahl zum Präsidenten der beim Vatikan akkreditierten Journalisten bat er 1981 um Entpflichtung von der Agenturarbeit, bleibt ihr aber als Berater verbunden.

DIE AUTOREN

Josef A. Slominski, Jahrgang 1937, ist freier Bildberichterstatter mit Sitz in Essen, arbeitet viel mit kirchlichen Hilfswerken zusammen, hat fast alle Papstreisen mitgemacht und dabei auch für KNA-Pressebild mitgearbeitet. Seine Papstfotos, beginnend mit Paul VI., heben sich von den üblichen, auch vatikanischen Marktangeboten durch beachtliches Einfühlungsvermögen ab. Er ist Träger des Bundesverdienstkreuzes.

Inhaltsverzeichnis

Der Fingerzeig 5

I. Offen

Offene Fenster 7
Wider die Selbstsucht 13
Petersplatz zu klein 15
Mittelamerikanischer Karfreitag 17
Keinen Türken bauen 22
Freund und Bruder 24
Zum Leben geboren 30
«Sie bringen ihn um» 33
Arbeiter unter sich 35
Klare Sprache 37

II. Verfügbar

Im Glaubensgehorsam: Ja 39
Bischof von Rom 41
Zeit für Gott 43
«Einiges stimmt nicht» 45
Volk ohne Angst 46
Ganz spontan 48
Nonkonformist 50
«Setz dich hin!» 51
Dem Menschen begegnen 52
Keine Angst 53
Nur nicht allein 57

III. Kollegial

Konklave und Alltag 61
Stichwort Kollegialität 62
Apostolische Reisen 67
«Ich habe viel gelernt» 67
Selbstbewusster «Politiker» 72
Vollkommener Einsatz 77
Echter Ökumenismus 80
Dialogfreudig 82
Jeans und Jesus 93
Reist der Papst zu viel? 96

IV. Gläubig

Die Angst vor dem Tod Gottes 103
Grösster Friedhof der Welt 106
Wo Wohlstand alles ist 109
«Liebe siegt immer» 110
Wahrheit macht frei 115
Ich glaube 121
Ich bete 123
Ich leide 125
Ich hoffe 128
Ich vergebe 133
Kraftvolles Glaubenszeugnis notwendig ... 135
Osterbotschaft 1983 138
Kurzporträts der Autoren 140

KONSTANTIN PRINZ VON BAYERN
Papst Pius XII.
Mit einem Vorwort von Bischof Dr. Josef Stimpfle,
42. Tausend, 422 Seiten, Leinen, 56 Bildtafeln

Papst Pius XII. gehört zu den grossen Führergestalten der katholischen Kirche. In der Zeit des Triumphes und des apokalyptischen Zusammenbruchs des Tausendjährigen Reiches und in der entscheidenden Nachkriegszeit war ihm die Leitung der Kirche anvertraut.
Während 12 Jahren hat er in München und Berlin am Schicksal des deutschen Volkes teilgenommen. Pius XII. wurde aber – wie in diesem Buch immer wieder deutlich wird – nicht nur zum geistigen Antipoden Hitlers, sondern auch Stalins. Am 13. Mai 1917, als Lenin gerade im Begriff war, in Petersburg die russische Weltrevolution zu entfesseln, erschien die Gottesmutter in Fatima und warnte die Welt vor der Geissel des Weltkommunismus, und sie bat, für die Bekehrung Russlands zu beten. Genau zur gleichen Stunde wurde Eugenio Pacelli in Rom zum Erzbischof von Sardes geweiht. Pius XII. deutete dieses geheimnisvolle Zusammentreffen später als ein Zeichen, dass er in den stürmischen Zeiten seines Pontifikates stets den Beistand der grossen Siegerin in allen Schlachten Gottes haben würde. Pius XII. traf mit den Grossen der Welt zusammen, mit Kaiser Wilhelm II., Ebert, Hindenburg, Roosevelt, Königin Elisabeth II., Adenauer, Heuss, de Gasperi.
Von den vielen Büchern über Pius XII. im deutschen Sprachraum hat nur dieses überlebt, weil es geschrieben wurde mit dem Charisma eines Augenzeugen und eines grossen Journalisten (Christiana-Verlag, DM 38.—, Fr. 34.—). Das Vorwort des Bischofs von Augsburg und ein historischer Anhang mit Beiträgen von Kardinal Montini, Dr. Karl Ipser und Dr. Georges Huber setzen wichtige Akzente aus der Optik der neuesten Forschung. Das Leben Pius' XII., des unvergesslichen Pastor Angelicus, zeigt den Triumph des christlichen Geistes über die brutalen Mächte der Finsternis.

DR. RUDOLF GRABER
Komm Heiliger Geist
80 Seiten, DM/Fr. 5.—

In der Heilig-Geist-Enzyklika Leos XIII., für unsere Zeit neu präsentiert und übersetzt von Bischof Graber, besitzen wir nicht nur die offizielle, sichere Lehre der katholischen Kirche über den Heiligen Geist, sondern auch eine Heilig-Geist-Novene, die nach der Entscheidung der Riten-Kongregation für immer Gültigkeit hat. Diese Novene ist ein wertvoller Gebetsschatz und eignet sich nicht nur für den Privatgebrauch, sondern auch für ganze Gebetsgemeinschaften und Pfarreien. Das inständige Herabflehen des Heiligen Geistes nach dem Vorbild der Urkirche ist ein elementares Gebot der Stunde, denn nur ein neues Pfingstwunder kann die Kirche retten.

DR. GEORGES HUBER
Johannes Paul I.
Gottes strahlender Meteor
144 Seiten, 10 Farbfotos

Was nicht einmal dem Konzil gelungen ist, das ist Johannes Paul I. gelungen: Er hat das Klima in der Kirche verändert. Sein Lächeln und seine vom Evangelium geprägte Haltung haben Hunderte von Millionen Menschen fasziniert und haben eine weltweite Grundwelle neuer Hoffnung ausgelöst. Jeden Tag zieht der Papst – nach einem seiner Lieblingsaussprüche – die Uhr der Kirche neu auf. Wie ein Meteor hat er am Himmel unserer Zeit eine Leuchtspur hinterlassen, die nie mehr aus dem Gedächtnis der Menschen gelöscht werden kann. So unfassbar uns sein Tod erschien – nach der Lektüre dieses Buches wissen wir: dieser Meteor hat nicht umsonst geleuchtet. Dr. Georges Huber, Schweizer Schriftsteller und Korrespondent in Rom, war dank seiner engen Beziehungen zum Vatikan – er hatte auch eine Biographie über Paul VI. verfasst – wie kaum ein zweiter in der Lage, das Leben dieses Papstes quellengetreu und in allen Nuancen zu schildern (Christiana-Verlag, DM 12.80, Fr. 11.50). Das Geheimnis seines Lebens, der Charme seines Lächelns, die schönsten seiner Worte, die Quintessenz seiner Lehre, die schönsten Bilder aus seinem Leben sind in diesem Buch für immer festgehalten. Der Bruder des Papstes, Edoardo Luciani, schrieb nach der Lektüre an den Autor: «Ich habe das Buch in einem Zug gelesen; es deckt sich genau mit meiner Erfahrung und meinen Beobachtungen.»

KARDINAL CHARLES JOURNET
Mater Dolorosa
88 Seiten, 16 Bilder, DM/Fr. 7.80

Alle Härten des himmlischen Vaters für seinen Sohn, auf den er doch mit Wohlgefallen herabblickte, scheint Jesus gewissermassen gegen seine inniggeliebte Mutter zu wenden. Den Kelch, der ihm trotz seinem dreimaligen Flehen nicht erspart bleibt, reicht er mit eigenen Händen seiner Mutter. Sooft Jesus aber in ihr die heilige Zärtlichkeit der fühlbaren Mutterliebe noch mehr zerbricht, entfacht er um so mehr die heilige Flamme der göttlichen Liebe. Seine erstaunliche, unbegreifliche Härte ist stets nur das Werkzeug einer Güte, die noch erstaunlicher, noch unbegreiflicher ist. Sie ist ein Schleier, der das Geheimnis der gütigsten und stärksten Liebe verhüllt. Mit charismatischer Feinfühligkeit hat der Schweizer Kardinal Charles Journet Hintergründe und Zusammenhänge erkannt, die zur Erhellung des christlichen Glaubens von grösster Wichtigkeit sind. Journet war ein persönlicher Freund und theologischer Berater von Papst Paul VI. Dieser schmale Band hat geistiges Gewicht; was ihm an Umfang abgeht, ersetzt er durch Tiefe: ein Meisterwerk der Meditation, meisterhaft illustriert.

UNSERE AUTOREN:

Abegg, Die Fackel Gottes
Abegg, Maria Goretti
Abel, Gebetbuch des Bruder Klaus
Actio Mariae, Maria – Patronin Europas
Anders-Thilo, Venite adoremus
Angela von Foligno, Gesichte
Bachinger, Leichentuch von Turin
Baij, Das Innenleben Jesu
Barbet, Die über alles schöne Frau
Baum, Freimaurerischer Satanismus
Baum, Das Ultimatum Gottes
Bergmann, Franz Jägerstätter
Bessières, Anna Maria Taigi
Bombach, Das Leben der hl. Luitgard
Bossis, Er und ich
Britschgi, Alle Lichtlein brennen
Britschgi, Name verpflichtet
Butter, Jesus
Demal, Menschenkenntnis
Desaing, Angela Merici
Drexel, Ein neuer Prophet?
Drexel, Kath. Glaubensbuch
Dutli, Der Hüter des Vaterlandes
Ecclesia Catholica, Der Exorzismus
Eich, Auf verlorenem Posten?
Eizereif, Das Zeichen des lebendigen Gottes A (mit Anm.)
Emmerich, Das arme Leben unseres Herrn Jesu Christi
Emmerich, Das bittere Leiden unseres Herrn Jesu Christi
Emmerich, Geheimnisse des Alten B.
Emmerich, Leben d. hl. Jungfrau Maria
Emmerich, Visionen
Ernst, Dein ist das Reich
Faraoni, Der Papst der Immaculata
Fellermeier, Das Naturrecht
Fink, Amerika Alleluja
Gertrud, Gesandtin der göttl. Liebe
Gillen, Brannte nicht unser Herz?
Gillen, Immer kann ich Dich ahnen
Gillen, …nichts als Lobgesang
Goodman, Anneliese Michel
Görlich, Der letzte Kaiser – ein Heiliger?
Görlich, Wundermönch vom Libanon
Gouin, Mélanie
Graber, Komm Heiliger Geist
Grufik, Turzovka

Guillet, Ablassgebete der kath. Kirche
Guillet, Christiana-Kinderbibel
Guillet, Gebete für die Armen Seelen
Guillet, Grosse Gebet der Eidgenossen
Guillet, Ich sende meinen Engel
Guillet, Kreuzweg der Ungeborenen
Guillet, Sende jetzt Deinen Geist!
Guillet, Was ist die heilige Messe?
Guillet, Zwiesprache mit Jesus
Gutwenger, P. Leopold Mandic
Gutwenger, Severin von Lama
Häne, Apokalypse
Häring, Begegnung mit Christus
Häring, Christusbild und Christenleben
Haesele, Eucharistische Wunder
Hausmann, Berthe Petit
Heck, Vor dem grossen Tag
Heim, Die Ver-HERR-lichung Gottes
Hertzka, So heilt Gott
Hertzka, Wunder der Hildegard-M.
Höcht, Botschaft von La Salette
Höcht, Von Franziskus zu P. Pio
Hoffmann, Der Ökumenismus heute
Holböck, Das Allerheiligste und die Heiligen
Holböck, Ergriffen v. dreieinigen Gott
Holböck, Fegfeuer
Holböck, Litaneien-Katechismus
Holböck, Warum ist Gott Kind geworden
Holböck, Die sieben hl. Zufluchten
Holböck, Theologin des Fegfeuers
Huber, Mein Engel wird vor dir herziehen
Hünermann, Kinder des Lichtes
Ipser, Franziskus, rette meine Kirche
Journet, Kardinal, Mater Dolorosa
Jungo, Verborgene Krone
Kolacek, Der Heilige der Neuen Welt
Kongregation für die Glaubenslehre, Christlicher Glaube und Dämonenlehre
Lakotta, Trostbriefe
Leyen, Gespräche mit Armen Seelen
Lieball, Martin Luthers Madonnenbild
Lindmayr, Verkehr mit Armen Seelen
Lüthold, Ein Apostel der Eucharistie
Lüthold, Helvetia Mariana
Lüthold, Ich wurde in Lourdes geheilt
Lüthold, Pater Adelgott Zarn
Lüthold, Ruedi und Melkli

Enzykliken

JOHANNES PAUL II.
Redemptor hominis
Format A5, 80 Seiten, 5 Fotos, farbiger Umschlag, DM/Fr. 4.80

Die Enzyklika «Redemptor hominis» und die historische Rede des Papstes in Puebla in vollständiger und authentischer Fassung. Die Enzyklika, die einer grundlegenden Ortsbestimmung gleichkommt, richtet sich nicht nur an alle Katholiken, sondern an alle Menschen guten Willens.

JOHANNES PAUL II.
Über das göttliche Erbarmen
Dives in misericordia
Format A5, 48 Seiten, farbiger Umschlag, DM/Fr. 4.80

Mit seiner zweiten Enzyklika ist Johannes Paul II. ein grosser Wurf gelungen. Luther hatte gelehrt, nur der Glaube – sola fides – könne uns retten. Johannes Paul II. zeigt uns in diesem Lehrschreiben, dass der stärkste Garant unserer Hoffnung das Erbarmen Gottes ist, wie es in der Parabel vom verlorenen Sohn unverkennbar zum Ausdruck kommt. «Es ist notwendig», schliesst der Papst, «dass alles, was ich in diesem Dokument über das Erbarmen sagte, ununterbrochen zu einem inbrünstigen Gebet wird, zu einem Aufschrei, der das göttliche Erbarmen anfleht.»

JOHANNES PAUL II.
Über das Geheimnis und die Verehrung der heiligsten Eucharistie
Format A5, 72 Seiten, farbiger Umschlag, DM/Fr. 4.80

Dieses Hirtenwort erklärt uns das Geheimnis der Eucharistie, es führt uns in die Schatzkammer, ja in die Herzmitte der Kirche, es weckt den Glaubenssinn, erklärt den Opfercharakter der heiligen Messe und verweist auf die verschiedenen Möglichkeiten, wie wir das Allerheiligste verehren sollen. Im Anhang ist die von der Kongregation für die Sakramente und den Gottesdienst herausgegebene Instruktion «Inaestimabile donum» über einige Normen zur Feier und Verehrung des Geheimnisses der heiligsten Eucharistie abgedruckt.

CHRISTIANA-VERLAG
CH-8260 STEIN AM RHEIN

JOHANNES PAUL II.
Über die menschliche Arbeit
Laborem exercens
Format A5, 64 Seiten, 7 Fotos, farbiger Umschlag, DM/Fr. 5.80

Johannes Paul II. hat unter Berücksichtigung der neuesten Entwicklungen den Wert der menschlichen Arbeit neu gedeutet und erklärt; er gibt damit Millionen von Menschen eine Richtschnur und eine neue Optik für eine menschenwürdige Gestaltung ihres Lebens. Die Enzyklika richtet sich gleichermassen gegen die Wirtschaftstheorien des Marxismus wie des Kapitalismus. Oswald von Nell-Breuning sieht in Laborem exercens ein grundlegendes Dokument, das in allen Gemeinden weitestgehende Verbreitung finden sollte. Diese preisgünstigste Ausgabe gehört in jeden Schriftenstand.

JOHANNES PAUL II.
Ehe und Familie nach dem Plane Gottes
Familiaris consortio
Format A5, 100 Seiten, farbiger Umschlag, DM/Fr. 8.80

Als die «Magna Charta der katholischen Kirche für Ehe und Familie» ist das Apostolische Schreiben Familiaris consortio bezeichnet worden. «Die Zukunft der Menschheit geht über die Familie!» ist das Leitmotiv dieses Lehrschreibens, in welchem der Papst jene Thesen aufgreift und verarbeitet, die auf der letzten Bischofssynode in Rom beraten worden waren.
Als «Anzeichen einer besorgniserregenden Verkümmerung fundamentaler Werte» wertet der Papst eine sich breit machende irrige Auffassung «von der gegenseitigen Unabhängigkeit der Eheleute», die steigende Zahl der Ehescheidungen, das Übel der Abtreibung. «Familiaris consortio» setzt sich ein für den «Dienst am Leben». In der heutigen «Antilife-Mentality» steht die Kirche auf der Seite des Lebens und «macht erneut allen ihre Entschlossenheit sichtbar, das menschliche Leben, ganz gleich in welcher Lage und in welchem Stadium der Entwicklung es sich befindet, mit allen Mitteln zu fördern und gegen alle Angriffe zu verteidigen».

PAUL VI.
Die Weitergabe menschlichen Lebens
Humanae vitae
Format A5, 48 Seiten, farbiger Umschlag, DM/Fr. 5.80

Die heiss umstrittene Enzyklika Pauls VI., die eine der schwersten innerkirchlichen Krisen ausgelöst hat. Die Weltbischofssynode 1980 hat sich «einmütig und ausdrücklich» hinter diese Enzyklika gestellt. Mit einer Einführung von Prof. DDr. G. Siegmund.

BERNHARD UND KARL PHILBERTH

«Das All»
Physik des Kosmos
342 Seiten, farbiger Umschlag, Paperback, DM 30.—, Fr. 27.—

Dieses Buch enthält eine Weltsensation: erstmals ist es einem deutschen Physiker, Karl Philberth, gelungen, eine Formel zu finden, die über Einstein hinausgeht. Dadurch wird eine ganz neue Sicht des Kosmos möglich! Das Lebenswerk zweier Physiker, das eine neue Phase in der Erkenntnis des Weltalls einleitet. So gewaltig haben Sie die Schöpfung noch nie erlebt. Das Buch enthält nur 18 Seiten harte Mathematik; der übrige Teil ist für gebildete Leser gut verständlich. Die Gebrüder Philberth, ein Name, der aufhorchen lässt, zwei Männer der Wissenschaft, die sich ideal ergänzen: Bernhard Philberth, ein Forscher mit luzidem Verstand, ein Theoretiker, ein Visionär; Karl Philberth, der nüchterne Praktiker, der kühle Mathematiker.

PROF. DR. FERDINAND HOLBÖCK

Wolfgang Amadeus Mozart
Der Salzburger Domorganist und seine Beziehungen zur katholischen Kirche
Auflage: 10 000 Exemplare, 128 Seiten, 4 Fotos, DM/Fr. 7.80

Wolfgang Amadeus Mozart war ein grosses Wunder Gottes, ein Wunder an Genialität – kein Musiker war so universal begabt wie er; ein Wunder an Produktivität – keiner hat in einem so kurzen Leben von nur 35 Jahren so viele Meisterwerke geschaffen; ein Wunder an Religiosität – kaum einer hat seinen Glauben an Gott, sein Vertrauen auf Gott und seine Liebe zu Gott in einer so reinen Unschuld und berauschenden Schönheit in Musik umgesetzt wie er. Ein «Ave verum», ein «Benedictus» ist nicht machbar, dazu wäre ein Taufscheinkatholik nicht fähig.

PROF. MAX THÜRKAUF

Christuswärts
Glaubenshilfe gegen den naturwissenschaftlichen Atheismus
144 Seiten, DM 12.—, Fr. 11.—

Max Thürkauf ist Professor für physikalische Chemie an der Universität Basel; als Naturwissenschaftler war er in der Atomforschung tätig und als Miterfinder einer Anlage zur Herstellung von schwerem Wasser hervorgetreten. In einer Damaskusstunde hat er das Verhängnis des Hochmuts durchschaut und die Manipulierbarkeit von Wissenschaft und Technik durch verbrecherische Elemente bis zur Selbstvernichtung erkannt. Mit der ganzen Leidenschaft des Forschers fragt er wieder nach dem Was und dem Wer, nach dem Sinn des Ganzen; er entdeckt die Schönheit der Schöpfung, die kausalen Zusammenhänge, und vor allem ist er bestrebt, das Geheimnis aus ihrer Zielstrebigkeit und ihrer Sinnfülle zu erklären.

DR. SIEGFRIED ERNST

Evangelische Gedanken zur Frage des Petrusamtes
Format A5, 70 Seiten, DM/Fr. 7.—

Die Schrift von Dr. Ernst enthält Einsichten und Überzeugungen, die in dieser Form noch nicht ausgesprochen wurden und die sicherlich im Dialog zwischen den Kirchen das Verständnis dieser schwierigen Fragen für evangelische und katholische Christen erleichtern und mithelfen, festgefahrene Positionen in Frage zu stellen. Ja, vielleicht ist es gerade die theologische Unbekümmertheit eines aus der zentralen Glaubenserfahrung und einem soliden historischen Wissen argumentierenden Laien, um aus festen Schablonen auszubrechen.

KAREL CLAEYS

Die Bibel bestätigt das Weltbild der Naturwissenschaft
715 Seiten, Leinen, farbiger Umschlag, DM 55.—, Fr. 50.—

Der Autor horcht mit geradezu genialem musikalischem Sprachempfinden immer wieder auf die entscheidenden Passagen im Urtext der Bibel und analysiert behutsam jene Bibelstellen, die vom Aufbau der Schöpfung handeln. Dabei gelingen ihm geradezu sensationelle Nachweise, wie die Bibel Dinge offenbart, die von der Naturwissenschaft entdeckt worden sind, wie die Expansion des Weltalls, das Polarlicht, die Kugelgestalt der Erde. Nicht nur werden viele vermeintliche Widersprüche zwischen Glauben und Wissen aus der Welt geschafft, es zeigt sich sogar, dass die Bibel bis hin zu neuesten wissenschaftlichen Erkenntnissen up to date ist.

PROF. DR. ERICH BLECHSCHMIDT

Wie beginnt das menschliche Leben
4. Auflage: 50 000 Ex., 168 Seiten, 55 Abbildungen, DM 13.50, Fr. 12.—

Gestützt auf umfassende Forschungsergebnisse, schildert Prof. Blechschmidt den Werdegang des Menschen vom Ei zum Neugeborenen. Die klaren, in ihrer Qualität einmaligen Abbildungen geben eine vollständige Übersicht über die entscheidenden Vorgänge der Individualentwicklung. Auf jeder Seite findet der Leser die erstaunlichsten Feststellungen, so zum Beispiel, dass die vermeintlichen menschlichen Kiemenanlagen in Wirklichkeit Beugefalten sind. Erstmals hat hier der Mensch die Möglichkeit, mit den Röntgenaugen der Wissenschaft einen Blick in die geheimnisvollste aller Werkstätten zu werfen.

CHRISTIANA-VERLAG
CH-8260 STEIN AM RHEIN

Lüthold, Unser Bruder Klaus
Lüthold, Vom Himmel beglaubigt
Marie de l'Incarnation, Zeugnis
Meyers, Luana, Band 1
Meyers, Luana, Band 2/3
Miller, Crescentia von Kaufbeuren
Moritz, Die Zukunft der Liebe
Müller Priska, Knospen und Blüten
Müller Priska, Samenkörner
Nanteli, Aufstieg zum Berg Karmel
Ortner, Berge
Ortner, Erziehung
Papasogli, Giuseppe Moscati
Pauels, Maria Mittlerin aller Gnaden
Petersdorff, Dämonologie, 2 Bände
Pfeil, Unsere Kirche
Philberth, Christliche Prophetie
Philberth, Der Dreieine
Pinho, Alexandrina Maria da Costa
Ritzel, An der Brust des Herrn
Rodewyk, Sie stehen ganz im Licht
Rye-Clausen, Hostienmühlenbilder
Saur, Glühen ist mehr als Wissen
Schamoni, Wahre Gesicht der Heiligen
Schamoni, Wunder sind Tatsachen
Scheffczyk, Kursänderung des Glaubens
Scheuber, Der Geissbub vom Etzlital
Schneider, Das Gebet von Loreto
Schraner, Kath. Katechismus
Schraner, Unfehlbare Päpste?
Schraner, Vom Islam
Siegen, Der Erzengel Michael
Siegen, Die Seligpreisung der Gottesmutter
Siegmund, Mensch zwischen Gott und Teufel
Siegmund, Die Stellung der Frau
Siegmund, Wunder
Siri, Gethsemani
Söllner, Maria unsere Mutter
Stiefvater, Klaus von Flüe
Stolz, Cherub auf dem Gotteshügel
Stolz, Gottes Pionier im Hl. Land
Stolz/Weiss, Johannes auf Patmos
Vaisnora, Erzbischof Matulaitis
Vonarburg, Gottes Segen in der Natur
Vonarburg, Kräutersegen
Weiser, Das Licht der Berge
Weiss, Gottes Blut
Winowska, Johannes Paul II.